Selbstbewusstsein stärken

Das Fundament für Glück und Erfolg im Leben

Mit positiver Psychologie Ängste, Zweifel & negative Gefühle loslassen lernen

Angelika Hornig

Selbstbewusstsein stärken

Auflage 2022

INHALT

Selbstbewusstsein

Verwendet wird der Begriff Selbstbewusstsein in der Psychologie, Soziologie, Philosophie und den Geisteswissenschaften. In jedem dieser Bereiche gibt es aber verschiedene Bedeutungsebenen. So steht der Begriff einerseits für das „Selbstbewusstsein der einzelnen Person“ und andererseits für das „kollektive Gruppenbewusstsein“. Beim einzelnen Menschen ist es für das innere Denkvermögen verantwortlich und führt letztendlich dazu, die eigene Persönlichkeit zu erkennen.

Dabei stellt sich den Menschen die Fragen, wer und was sie eigentlich sind. Für die Beantwortung der Fragen wird ein Denkprozess durchgeführt. Neben aktiven gibt es auch passive Denkanstöße. Sie entstehen durch Menschen im eigenen Umfeld, die eine andere Denkweise als die eigene verfolgen.

Sie sind wichtig für das Erkennen und um sich selbst zu definieren und tragen ein großes Stück zur Entwicklung des Selbstwertgefühls bei. Vertrauen, Sicherheit, Gewissheit und Zuversicht sind starke Begleiter des Selbstbewusstseins.

Bei den Menschen, die über ein starkes Selbstbewusstsein verfügen, sind diese Eigenschaften in hohem Maße vorhanden. Das Resultat daraus ist Unbekümmertheit, Sorglosigkeit und Optimismus mit denen sie der Zukunft gegenübertreten. Denn sie haben ein ausgeprägtes Selbstvertrauen, sind von sich selbst und ihren eigenen Fähigkeiten überzeugt und definieren darüber den Wert ihrer eigenen Person. Das Vertrauen in sich selbst ergibt ein überzeugendes, selbstsicheres Auftreten.

Selbstbewusstsein ist eigentlich nichts anderes als ein positives Wertgefühl von einer Person oder einer Gruppe von Menschen, wo es einen Zusammenhang zwischen den sozialen Werten gibt. Daher ist das Synonym für Selbstbewusstsein der „Selbstwert".

Selbstbewusstsein bezieht sich vielfach auf eine nicht wertfreie Umgebung, wo Sie Anerkennung bekommen oder nicht. Anerkennung heißt in diesem Zusammenhang, dass Sie den geltenden Wertvorstellungen der anderen entsprechen.

Wer ein starkes, ausgeprägtes Selbstbewusstsein hat, steht sich selbst und damit seinem Selbstwert eher kritisch gegenüber und versucht, Eigenschaften wie Eigenverantwortlichkeit und Selbstbestimmtheit zu erweitern. Solche Menschen schaffen es auch, einer angepassten Gruppe als eigenständige Persönlichkeit zu begegnen.

Selbstbewusstsein und Selbstwert - wichtige Bausteine der Persönlichkeits-entwicklung

Immer wieder begegnet man Menschen, die mit ihrer ausgeprägten Persönlichkeit überzeugen. Sie haben sich für eine innere Einstellung entschieden und eine Denkweise manifestiert, um sich vollends zu entfalten. Ihr Leben orientiert sich an Grundhaltungen, die sie zu dem Menschen machen, den sie darstellen. Sie sind selbstbewusst. Bei ihnen gibt es keine Verschlossenheit, keine Feindseligkeit und kein klassisches Schubladendenken. Für das persönliche Wachstum ist Aufgeschlossenheit sehr wichtig, da man offen für neue Denkansätze ist und damit den verschiedenen Situationen im Leben gegenübertritt. Faire Chancen, anstatt Vorurteile prägen ihre Handlungen und Entscheidungen.

Eine weitere Grundhaltung, die diese Menschen verinnerlicht haben, ist Eigenverantwortung, weil sie wissen, dass sie selbst für ihr Leben verantwortlich sind. Sie denken selbst und überlassen dieses nicht dem Staat, der Gesellschaft, dem Umfeld, den Eltern oder dem Lebenspartner.

Das Ruder ist fest in ihrer Hand und sie bestimmen, wohin das Schiff fährt. Es wird sich eine eigene Meinung gebildet und nicht alles sofort geglaubt, was ihnen erzählt wird. Sie haben das Wissen darüber, was ihnen guttut und sind in der Lage Dinge zu verwerfen, die nicht funktionieren.

Da die Welt extrem dynamisch ist und immer wieder Veränderungen bereithält, ergibt sich nur eine Sache, die konstant bleibt. Es ist die Veränderung! Selbstbewusste Persönlichkeiten haben das erkannt und haben sich von veralteten Denkweisen verabschiedet.

Sie haben sich der Dynamik angepasst und verschließen sich nicht vor der Welt und den neuen Seiten, die sie an sich selbst entdecken.

Sie orientieren sich an Zielen und nicht an Problemen, weil sie Situationen aus verschiedenen Blickwinkeln betrachten und damit eine Zielperspektive entwickeln. Ihnen ist klar, dass es für alles eine Lösung gibt.

Für ihre persönliche Entwicklung, die niemals aufhört, geben sie sich Zeit, weil sie wissen, dass Selbstvertrauen, Selbstwert und Selbstbewusstsein nicht über Nacht plötzlich da sind. Mit Ausdauer formen sie ihre Persönlichkeit, legen Gewohnheiten ab und ersetzen diese durch neue.

Fehler gibt es für sie nicht, sondern nur Ereignisse, die sie als Feedback nutzen. Es sind für sie wertvolle Lektionen, die sie dazu animieren, um es beim nächsten Anlauf besser zu machen.

Entwicklung bedeutet für sie hinfallen, aufstehen und weiter machen. Trotz vieler Steine, die ihnen im Weg liegen, wissen sie genau, dass die beste Investition, die sie tätigen können, in sie selbst ist.

Mehr Selbstbewusstsein, Selbstwert und Selbstvertrauen können Sie auch erlangen.

Jeder Mensch hat nämlich eine Persönlichkeit, nur gestaltet sich die Ausprägung sehr unterschiedlich. Genau da lässt sich der Hebel ansetzen, um die Haltung zu sich selbst zu verbessern. Setzen Sie auf Ihre Stärken, akzeptieren Sie Grenzen, verbessern Sie Ihr Selbstbewusstsein, steigern Sie Ihr Selbstvertrauen, Ihr Selbstwertgefühl und Ihren Selbstwert, um als starke Persönlichkeit wahrgenommen zu werden.

Selbstbewusstsein und Selbstwert – die Kunst der Selbstannahme und Eigenliebe

Mit Selbstbewusstsein und Selbstwert erlangen Sie Selbstvertrauen. Welche folgenden Bedeutungen in sich tragen:

- **Selbstbewusstsein** wird als selbst bejahende, überzeugte Haltung gegenüber sich selbst und den eigenen Fähigkeiten beschrieben.
- **Selbstwert** wird als das Gefühl für den Wert der eigenen Person definiert.
- **Selbstvertrauen** ist das Vertrauen in die eigene Kraft und die Fähigkeiten.

Diese grobe Umschreibung lässt sich aber noch verfeinern, da es nicht nur ausführlichere Definitionen zu den

Begriffen gibt, sondern auch Forschungen und Annahmen.

SELBSTBEWUSSTSEIN

Dieser Begriff kommt in der Philosophie, Psychologie, Soziologie und den Geschichtswissenschaften zum Einsatz und ist mit mehreren Bedeutungsebenen ausgestattet. Einerseits beschreibt der Begriff das kollektive Gruppenbewusstsein und zum andern steht er im Bezug zum „Selbstbewusstsein des Individuums".

Das Selbstbewusstsein ist für innere Denkvorgänge verantwortlich und führt zum Erkennen der eigenen Persönlichkeit. Sie stellen sich dabei die Fragen wer und was Sie sind. Aus dem angestoßenen Denkprozess ergeben sich die Antworten. Genauso gibt es passive Denkanstöße, die von außen kommen und durch andersdenkende Menschen hervorgerufen werden. Damit haben Sie die Möglichkeit, die eigene Person zu erkennen und zu definieren.

Die Denkanstöße von außen sind für die Entwicklung des Selbstwertgefühls wichtig. Selbstbewusstsein umfasst aber auch Vertrauen, Gewissheit, Sicherheit und Zuversicht.

Im englischen gibt es dafür die Begriffe „self-confidence“ oder „self-assurence“.

confidence = Zuversicht, Vertrauen
assurance = Vertrauen, Gewissheit, Sicherheit

Menschen mit einem starken Selbstbewusstsein sind mit diesen Dingen in hohem Maß ausgestattet. Sie begegnen ihrer Zukunft optimistisch, sorglos, unbekümmert und ohne Angst, weil sie mit einem gut entwickelten Selbstvertrauen ausgestattet sind. Daher ist klar, dass Selbstbewusstsein im Allgemeinen als „überzeugt sein von den eigenen Fähigkeiten“ und „dem Wert der eigenen Person“ so definiert wird. Solche Persönlichkeiten haben ein besonders selbstsicheres Auftreten.

Selbstbewusstsein wird umgangssprachlich als positives Wertgefühl dargestellt und bezieht sich auf eine Person oder eine Gruppe von Menschen, deren soziale Werte im Zusammenhang stehen. Demnach wird für Selbstbewusstsein oftmals das Synonym „Selbstwert“ verwendet.

Grundsätzlich bezieht sich Selbstbewusstsein aber auf eine wertende Umgebung, die Ihnen anerkennend oder nicht anerkennend begegnet. Anerkennend bedeutet dabei nicht anderes, als den geltenden Wertvorstellungen zu entsprechen.

Wer sich seiner selbst bewusst ist, hat mehr oder weniger ein kritisches Selbstwertgefühl, welches er durch das Erwerben von gewünschten Eigenschaften wie Selbstbestimmung und Eigenverantwortlichkeit weiter ausbaut.

Ein ausgeprägtes Selbstbewusstsein haben auch Menschen, die als Persönlichkeit einer angepassten Gruppe entgegentreten.

SELBSTWERT

„Ein Mensch – das trifft man gar nicht selten – der selbst nichts gilt, lässt auch nichts anderes gelten."
Eugen Roth

Selbstwert ist die eigene Wertigkeit bzw. emotionale Einschätzung, die sich ein Mensch beimisst. Daher werden für Selbstwertgefühl synonyme Begriffe, wie Selbstsicherheit, Selbstvertrauen und Selbstbewusstsein verwendet.

Das Ergebnis des Selbstwertgefühls ist subjektiv und lässt sich anhand der „Selbstwertskala von Morris Rosenberg" messen. Lange wurde dem Selbstwert in der Psychologie und anderen Humanwissenschaften kein großer Stellenwert beigemessen.

Grundsätzlich ist aber der Selbstwert das Fundament für Glück und Erfolg.
Heute finden Sie Selbsthilfegruppen und Psychotechniken, die den Selbstwert steigern und festigen sollen.

Es gibt Untersuchungen, die belegen, dass Sie bis zu einem Alter von 60 Jahren das Selbstwertgefühl steigern können. Anschließend soll es wieder abnehmen. Menschen mit einem ausgeprägten Selbstwert fühlen sich in ihrer Haut wohl und sind in der Lage, Ruhe in sich selbst zu finden.

Sie wissen, dass sie unabhängig von ihren Leistungen und Fähigkeiten gut sind. Selbstwert beschreibt zudem die Individualität, weil es immer eine Wahlmöglichkeit gibt. In früheren Gesellschaften wurde der Wert eines Menschen bei der Geburt festgelegt. Es wurde nicht über den Selbstwert nachgedacht. Unsere moderne, von Werten geprägte Gesellschaft fordert zum Umdenken auf, sodass die alten Werte ins Wanken geraten.

Durch die Konfrontation mit sich selbst und anderen Mitgliedern der Gesellschaft ergibt sich das Gefühl, sich immer wieder angleichen zu müssen.

Ein stabiles Selbstwertgefühl ist das Resultat dessen, dass Sie endlich damit anfangen, Selbstverantwortung zu übernehmen und deutlich achtsamer gegenüber sich selbst sind.

Pflegen Sie einen netten Umgang mit sich selbst und beeinflussen Sie Ihre Gefühle.

EIGENLIEBE

In der Persönlichkeitsentwicklung spielt Eigenliebe, auch Selbstliebe genannt, eine ganz wichtige Rolle. Dem Begriff wurde und wird heute immer noch ein negativer Inhalt zugeordnet und mit Egoismus sowie Narzissmus gleichgesetzt. Stimmt diese Aussage wirklich? In der Bibel findet sich die Idealvorstellung von Eigenliebe. Denn dort steht geschrieben: *„Liebe Deinen Nächsten wie Dich selbst."*

Dieser Satz bedeutet nichts anderes, als dass Eigenliebe die Nächstenliebe miteinschließt. In der modernen Psychologie wird davon ausgegangen, dass psychische Probleme und Verhaltensauffälligkeiten verschwinden, wenn die Person lernt, sich selbst zu lieben. Daraus resultiert die Annahme, dass leidende Menschen sich selbst erst lieben lernen müssen. Die Grundlage des Lebens beruht auf der Liebe und führt zu einem zufriedenen, glücklichen Leben. Sie umfasst auch die Eigenliebe und die Eigenakzeptanz. Durch die Erziehung fehlt es leider vielen Menschen daran, weil immer wieder darauf hingewiesen wird, dass Eigenliebe eine schlechte Eigenschaft ist, die nur Schwierigkeiten bereitet.

Menschen, die sich selbst lieben, nehmen sich so an, wie sie sind und passen nicht mehr in die ihnen zugedachte Rolle.

Wer es allen recht machen möchte und seine Persönlichkeit in den Hintergrund stellt, wird kein zufriedenes Leben führen, da diese Menschen nicht im Einklang mit sich selbst sind. Sie fühlen sich zu dumm, zu dick, zu hässlich. Doch wie soll das funktionieren, das Sie jemand anderen klasse finden und diesen Menschen lieben, wenn Sie sich selbst nicht akzeptieren und keine Liebe für sich selbst empfinden?

Die Fähigkeit zur Eigenliebe ist erlernbar, indem Sie Ihre Stärken großartig finden und sich selbst die eigenen Schwächen verzeihen. Blauäugigkeit und Illusionismus haben dabei nichts zu suchen. Menschen ohne Selbstzweifel gibt es leider viel zu viele. Betrachten Sie sich ruhig selbstkritisch und vergessen Sie dabei nicht, Ihre Stärken zu lieben und Schwächen zu verzeihen.

Es gibt Menschen in Ihrem Umfeld, die Sie lieben, genauso wie Sie sind. Mit diesem Bewusstsein stärken Sie Ihre Persönlichkeit, erlangen einen höheren Selbstwert und stärken Ihr Selbstbewusstsein. Sie denken nicht mehr darüber nach, etwas falsch zu machen, sondern genießen diese Freizügigkeit, die Sie sich selbst damit einräumen und erleben das unbeschreibliche Gefühl, so angenommen zu werden, wie Sie wirklich sind.

Beziehung zwischen Selbstbewusstsein und Selbstwertgefühl

Für die Entwicklung eines Menschen wird durch Gene und Erfahrungen bereits in den ersten Lebensjahren der Grundstein gelegt. Dieser ist ausschlaggebend dafür, welche Haltung man sich selbst gegenüber entwickelt und einnimmt. Das vorhandene Selbstwertgefühl ist später noch ausbaubar, wenn vorhandene Grenzen akzeptiert und bestehende Stärken ausgebaut werden.

Durch das Selbstbewusstsein hat die Psyche eine Eigenschaft erhalten, die für die Prägung von Haltung, Reaktion, Gestik und Mimik verantwortlich ist. Selbstbewusste Menschen empfinden Freude anders.

Und genau diese anderen Empfindungen stärken wiederum das Selbstbewusstsein. Damit stellt sich automatisch größere Neugier, Offenheit und Interesse an neuen Erfahrungen ein.

Dadurch vergrößert sich gleichzeitig Harmonie, Freude und Glück, die letztendlich zu einem zufriedeneren Leben führen. Fehlt es an einem ausgeprägten Selbstbewusstsein, macht sich schnell Antriebslosigkeit und Mutlosigkeit breit. Sie fühlen sich in jeder Hinsicht inkompetent und verstecken sich lieber als in die Offensive zu gehen und Herausforderungen anzunehmen. Es entwickelt sich Schamgefühl, das Ihre Persönlichkeit noch weiter abwertet. Die Folgen eines geringen Selbstbewusstseins und Selbstwertgefühls können sogar Auslöser für psychische Erkrankungen wie Essstörungen und Depressionen sein.

WIE FUNKTIONIERT SELBSTWERTGEFÜHL?

Selbstwertgefühl braucht eine bestimmte Einstellung gegenüber der eigenen Person. Denn es gibt kein Urteil, das gefällt wird und wichtiger ist als das Urteil, welches Sie selbst über sich fällen. So wie Sie sich selbst beurteilen und einen Bezug zur eigenen Person herstellen, ist es ausschlaggebend dafür, ob Sie erfolgreich im Job sind, in einer glücklichen Beziehung leben und wie Sie mit Herausforderungen umgehen. Die Funktionsweise des Selbstwertgefühls stellt einen inneren Schutzschild dar. Der Glaube an die eigenen Chancen ist untrennbar damit verbunden. Dadurch entsteht die Überzeugung, die eigene Umwelt beeinflussen zu können.

Die Überzeugung und der Glaube spenden Energie und Kraft und stellen die Möglichkeit bereit, dass Schwierigkeiten und Herausforderungen zu bewältigen sind. Wenn Menschen keinen Glauben daran haben, dass sie Dinge bewältigen können, grundsätzlich einen guten Charakter haben, liebenswert und wirksam auf die eigene Umwelt sind, wird die Welt zu einem kalten, furchteinflößenden Ort. Nathaniel Branden, ein kalifornischer Psychotherapeut vertritt diese Überzeugung.

Für den Selbstwert ist Anerkennung von außen wichtig. Es beeinflusst das Selbstwertgefühl, da sich Menschen für die Dinge, die sie machen, Wertschätzung wünschen. Das Alter ist unwichtig. Denn bereits in der frühesten Kindheit wird das Selbstwertgefühl durch Wertschätzung bereits beeinflusst. Darum liegen die Gründe für ein schwaches Selbstwertgefühl oft in der Kindheit, weil eigene Bedürfnisse nicht befriedigt wurden.

Die Eltern tragen zur Entwicklung eines starken Selbstwertgefühls maßgeblich bei. Sie vermitteln dem Kind, dass es ein wertvoller, geliebter Mensch ist. Kinder entwickeln damit eine innere Stärke und ein Gefühl von Sicherheit. Auch der Umgang zwischen Eltern und Kind ist nicht zu unterschätzen. Gehen Eltern wenig respektvoll mit den kleinen Menschen um, stellen es bloß und verspotten es, erleidet das Selbstwertgefühl großen schaden. Bei dem Kind stellt sich die Überzeugung ein, dass es nicht richtig ist, so wie es ist. Die Selbstzweifel sind somit tief verwurzelt und begleiten den Menschen im Erwachsenenalter immer noch.

MACHEN SIE IHRE FÄHIGKEITEN ZU IHREM GLAUBENSBEKENNTNIS!

Selbstzweifel überwinden und Selbstwertgefühl stärken gelingt Ihnen, wenn Sie die Erkenntnis erlangen, dass Ihre Lebensidee und Ziele gut für Sie sind. Auch wenn Erfolg die Ausstrahlung nährt, kommen Ruhm und Strahlkraft aus Ihrem Inneren.

Schauen Sie sich große Persönlichkeiten wie Steve Jobs, Elon Musk, Martin Luther King und viele weitere an. Sie alle eint der uneingeschränkte Glaube an sich selbst und ihre Visionen. Sie haben es nicht in die Wiege gelegt bekommen, sondern erlernen müssen.

Ihnen gelingt das auch, indem Sie sich folgende Lektionen zu Herzen nehmen:

1. Komplimente mit Freude annehmen:

Wer nur wenig Selbstwertgefühl hat, kann mit Komplimenten nicht umgehen. Nelson Mandela hat in seiner Antrittsrede 1994 dafür die passenden Worte gefunden:

„Es ist nicht unser Licht, nicht unsere Dunkelheit, die uns am meisten erschreckt. Wir fragen uns: Wer bin ich, um brillant, großartig, talentiert und kraftvoll zu sein?"

Von diesen Zweifeln werden sehr viele Menschen gequält. Wird ein Kompliment gemacht, kommt es im selben Moment zu einer Abwehrreaktion. Ihre innere Stimme sagt Ihnen, dass Sie nicht damit gemeint sind. Das vernichtende Urteil über die eigene Person boykottiert das Akzeptieren des Kompliments.
Nelson Mandela gab seinen Zuhörern gleich eine Lösung für das Problem an die Hand:

„Frage lieber: Was machst du eigentlich, um das alles zu sein?"

Diese Frage sollte für Sie zur Routine werden! Damit lernen Sie Komplimente zu akzeptieren und erhalten gleichzeitig einen Anstoß, bei sich selbst noch einmal genauer hinzuschauen.

2. Vergleichen Sie sich nicht mit anderen:

Mit ständigem Vergleichen schüren Sie Ihre Selbstzweifel. Um etwas zu verändern, sollten Sie aufhören sich ständig zu fragen, warum Sie all diese Dinge nicht haben, die andere besitzen. Dabei sind nicht nur die materiellen Dinge gemeint, oft vergleicht man auch Charaktereigenschaften oder wie sehr eine andere Person von ihrem Umfeld gemocht wird und warum andere auf ihr Umfeld besser wirken als man selbst. Diese und ähnliche Fragen führen nur dazu, dass Sie dem Trugschluss verfallen, das nicht verdient zu haben und sich zukünftig nichts ändern wird. Schnell werden die anderen Menschen auf einen Sockel gestellt. Das Gesamtbild fällt aus der Betrachtungsweise heraus. Wahres, ehrliches Selbstwertgefühl kommt von innen und vor Ihrer eigenen Einstellung zu Ihnen selbst und ist kein Wettbewerb, um im Vergleich mit anderen besser abzuschneiden.

3. Schauen Sie nach Ihren Stärken:

Jeder Mensch kann etwas besonders gut und wird dafür mit Erfolg belohnt. Es geht dabei nicht darum sich einzureden, wie toll, stark und gut Sie sind. Schauen Sie nach Ihren Stärken, Erfolgen und Situationen, die Ihnen ein stolzes Gefühl vermitteln. Wenn Ihnen gerade nichts einfällt, stehen Sie sich sicherlich gerade selbst im Blickfeld, um diese Dinge zu sehen. Ihre Freunde und die Familie können Ihnen dabei aber auf die Sprünge helfen.

4. Nutzen Sie kleine Erfolgserlebnisse als Katalysator:

Erreichbare, realistische Ziele sind eine gute Möglichkeit, um Selbstzweifel zu überwinden und den Selbstwert zu steigern. Indem Sie Ihr Vorankommen aufschreiben, übernehmen Sie Verantwortung, sehen die Erfolge und stärken Ihre eigene Einstellung gegenüber sich selbst und Ihren einzigartigen Fähigkeiten.

Ein kleines Beispiel:
Wenn Sie sich in einem Meeting einbringen, Ihren Vorschlag präsentieren und die Erfahrung machen, ernstgenommen zu werden, stellt sich pure Motivation ein, neue Herausforderungen anzunehmen. Sie haben den Glauben daran, dass Sie diese auch meistern können.

5. Treffen Sie Vorkehrungen für kritische Situationen:

Es gibt immer wieder Erlebnisse und Erfahrungen, in denen das Selbstwertgefühl ins Wanken gerät. Dazu gehören Kränkungen und Ablehnung, die Sie durch Ihr Umfeld erfahren. Durchforsten Sie Ihre Erinnerungen und greifen Sie die Situationen auf, die sich häufig wiederholt haben und gehen Sie diese gedanklich noch einmal durch. Vielleicht haben Sie erlebt, dass ein Kollege mit seiner Kritik sehr verletzend ist.

Dass Sie sich in dieser Situation extrem verletzt fühlen liegt daran, weil Sie unzufrieden mit Ihrer Reaktion sind. Wie hätte Ihre Reaktion denn aussehen sollen? Legen Sie Grenzen fest, die andere nicht überschreiten dürfen und suchen Sie passende Worte, um auf solche Attacken zu reagieren. Das verleiht Ihnen ein Stück weit Sicherheit.

6. Zähmen Sie Ihren inneren Zweifler:

Der innere Zweifler versucht Sie immer wieder zu beeinflussen, so dass Sie sich als Versager fühlen. Sie gehen mit sich selbst sehr hart um und sehen nur noch das Negative. Versuchen Sie die Situation einmal von außen zu betrachten. Dann sehen Sie auch die vielen verschiedenen Graustufen und sogar leuchtendes Weiß. Was würden Sie machen, wenn ein Herzensmensch in die gleiche Situation gerät? Sie reagieren deutlich empathischer und gehen mit der anderen Person nicht so gnadenlos um, wie Sie es mit sich selbst machen. Nutzen Sie diese Erkenntnis und behandeln Sie sich so, wie Sie diese andere Person behandeln würden.

7. Seien Sie ein Helfer für Ihre Mitmenschen:

Bei einem Experiment wurden Studienanfänger, die in einer Wohngemeinschaft lebten, beobachtet. Das Experiment hat Jennifer Crocker durchgeführt. Einer der Mitbewohner bekam die Aufgabe, andere gezielt zu unterstützen und ihnen Hilfestellung zu geben.

Nach einiger Zeit wurde aus der Zweckgemeinschaft eine richtige Wohngemeinschaft, wo sich gegenseitig geholfen und unterstützt wurde. Diese Erfahrung steigert das Selbstwertgefühl enorm, fand Crocker heraus. Ihrer Meinung nach ist das Geben dafür verantwortlich. Denn wer gibt und Gutes tut, fühlt sich selbst gleich viel besser.

8. Erfolge feiern und sich selbst belohnen:

Es kommt viel zu selten vor, dass Erfolge gefeiert und sich dafür belohnt wird, selbst wenn es nur ein kleiner Erfolg ist. Diejenigen, die ein schwaches Selbstwertgefühl haben, konzentrieren sich viel zu sehr auf die negativen Dinge im Leben. Hören Sie auf, negativen Dingen das Ruder zu überlassen und fangen Sie endlich an, schöne Momente zu genießen. Um sich selbst zu motivieren, sind Spickzettel ideal. Sie erinnern Sie daran, dass Sie Ziele erreichen können. Schreiben Sie sich Motivationssprüche auf und positionieren Sie diese in Ihrer Wohnung, damit Sie sie immer im Blick haben.

9. Fangen Sie endlich an Dinge zu machen, die Sie lieben:

Rappeln Sie sich auf und machen Sie Dinge, die Ihnen Spaß machen und große Freude bereiten. Damit erlangen Sie innere Zufriedenheit. Sie erreichen mit der Zeit einen Punkt, an dem Sie mit sich selbst und Ihren eigenen Wertvorstellungen im Einklang sind.

Sie haben es geschafft, die Kluft zwischen dem was Sie sind und was Sie sein wollen zu überwinden. Genau dieser Einklang macht Menschen glücklich.

Selbstachtung stärken

Die Behauptung, dass eine andere Person das letzte Stückchen Selbstachtung verloren hat, ist schnell ausgesprochen. Oftmals ist diese Behauptung nur Mittel zum Zweck, um das eigene Selbstbild zu puschen und sich besser zu fühlen. Schwieriger wird es aber, wenn Sie hinterfragen, wie es mit der eigenen Selbstachtung aussieht. Fehlender Respekt und Selbstachtung äußert sich auf viele Weisen. Mit etwas Mut können Sie erkennen, wie es um Ihre Selbstachtung bestellt ist. Mit der Erkenntnis sind Sie in der Lage, Ihre Selbstachtung zu stärken. Doch was ist Selbstachtung und was verbirgt sich dahinter?

„Unter **Selbstwert** (auch: **Selbstwertgefühl**, **Selbstwertschätzung**, **Selbstachtung, Selbstvertrauen, Selbstsicherheit**) versteht die Psychologie die Bewertung, die man von sich selbst hat."

Selbstsicherheit und Selbstvertrauen finden eine trennscharfe Verwendung, die sich auf die Kompetenzüberzeugungen beziehungsweise auf die Fähigkeit des Individuums bezieht und als Teilkomponente des Selbstwerts zu sehen ist.

Eine hohe oder niedrige Selbstachtung (Selbstwert) ist Ausdruck dafür, wie stabil oder instabil die Person ist. Dazu kommt, ob sie das weiß oder nicht. Ursache für Stabilität oder Instabilität ist, inwieweit Vertrauen in die eigenen Fähigkeiten vorhanden ist.

Dazu gehört auch das Abschätzen aufgrund von Erfahrungswerten, um in bestimmten Situationen den richtigen Weg einzuschlagen.

Selbstachtung taucht vielfach im Zusammenhang mit Selbstwertgefühl und Selbstbewusstsein auf. Allerdings muss eine klare Abgrenzung erfolgen, da Selbstachtung nicht mit krankhaftem Egoismus oder Arroganz gleichzusetzen ist. Achtung vor sich selbst beschreibt in keinster Weise, dass Sie über jeden Zweifel erhaben sind. Selbstachtung ist vielmehr ein liebevoller, respektvoller Umgang mit der eigenen Person.

Ein kleines Beispiel:
Sie werden gefragt, wie Ihr Verhalten gegenüber einer Person aussieht, die Sie respektieren, wertschätzen und deren Leistung Sie anerkennen. Vermutlich fällt Ihre Reaktion freundlich aus. Der Umgang mit dieser Person ist erstrebenswert. In einigen Punkten mischt sich Anerkennung und Bewunderung mit ein.

Und genau das ist Selbstachtung! Damit wird zum Ausdruck gebracht, wie Ihre Eigenwahrnehmung ist und wie Sie sich selbst behandeln. Dieses Konzept wird aber zum schwierigen Unterfangen, wenn nur eine geringe oder gar keine Selbstachtung vorliegt. Die Selbstachtung ist die Grundlage für ein positives Bild von sich selbst und sorgt für ein ausgeprägtes Selbstwertgefühl.

Leider haben nicht alle Menschen eine hohe Ausprägung, darum wird Tun und Handeln ständig von Selbstzweifeln begleitet und hinterfragt. Die Meinung anderer nimmt einen höheren Stellenwert ein als die eigene. Die eigenen Bedürfnisse rücken in den Hintergrund und werden nicht mehr wahrgenommen, stattdessen lassen Sie sich viele Dinge gefallen, die Sie verletzen und Ihnen nicht guttun.

WIE ÄUßERT SICH WENIG SELBSTACHTUNG?

An Ihren eigenen Gedanken können Sie feststellen, wie es um Ihre Selbstachtung bestellt ist. Das Selbstbild rutscht immer weiter ins Negative. Sie kümmern sich nicht mehr um Ihre eigenen Bedürfnisse und lassen gleichzeitig zu, von anderen schlecht behandelt zu werden, obwohl Sie das gar nicht verdient haben.

Auch durch Ihr Verhalten zeigen Sie, dass es um Ihre Selbstachtung nicht gut bestellt ist. Vor Ihrer Umwelt bleibt das nicht verborgen:

- Sie versuchen erst gar nicht die Ärmel hochzukrempeln und etwas zu bewegen, weil sich die Denkweise manifestiert hat, dass Sie sowieso keine Chance haben.
- Sie sprechen nicht das aus, was Ihre Meinung ist, sondern sagen etwas völlig anderes.
- Sie machen sich kleiner, als Sie sind, anstatt hinter Ihren eigenen Standpunkten und sich selbst zu stehen.
- Sie halten sich für nebensächlich und bleiben daher lieber im Hintergrund.
- Wenn Ihre Gefühle Alarm schlagen, wird das einfach ignoriert.
- Sie bleiben lieber sitzen, anstatt aufzustehen und sich aus der misslichen Lage zu befreien.
- Sie achten nicht mehr auf sich selbst und schauen auch nicht darauf, wie andere Menschen Sie wahrnehmen.

Wenig Selbstachtung beruht darauf, dass selbst das Mindestmaß an Selbstakzeptanz nur eine geringe Ausprägung hat. Der Platz, der für die Selbstachtung vorgesehen ist, wird von Selbstverachtung und Selbstabwertung der eigenen Person eingenommen. Ist Selbstachtung erst einmal komplett verdrängt, haben Sie das Gefühl, als ob Respekt vor der eigenen Person nie dagewesen wäre.

Selbstachtung lässt sich aber wieder aufbauen. Sie haben komplett den Respekt vor der eigenen Person verloren? Der Verlust der Selbstachtung kann auf frühen Kindheitserlebnissen und unbefriedigten Bedürfnissen beruhen, genauso wie im späteren Alter durch gewisse Umstände eintreten. Um die Gründe herauszufinden, warum es Ihnen an Selbstachtung fehlt, sind nur zwei Fragen wichtig:

- Welche Erfahrungen haben Sie in Ihrem Leben gemacht?
- Nach welchen Kriterien beurteilen Sie Ihren eigenen Wert?

Neben den Erfahrungen, die Sie in Ihrem Leben gemacht haben, spielt der richtige Umgang mit Rückschlägen und Fehlern eine wichtige Rolle.

Auf der einen Seite stoßen gemachte Fehler einen spannenden Lernprozess an, sodass Sie aus der Situation gestärkt hervorgehen. Andererseits können Sie vor Leid zerfließen, sich von allen Dingen zurückziehen und die Situation einfach als unveränderbare Gegebenheit hinnehmen.

In letzterem Fall mutieren die Fehler zum Maßstab, an dem Sie die eigene Person messen. Damit erzeugen Sie den Effekt, dass die Selbstachtung abnimmt.

Die eigene Definition der Persönlichkeit gestaltet sich negativ. Sie halten sich für schlecht, unfähig, dumm und wenig liebenswert. Darum ist es so wichtig, den Selbstwert zu stärken und Selbstachtung zu erlangen, um kraftvoll und energiegeladen die eigene Lebensidee umzusetzen.

„Unterlegen ist man im Leben erst dann, wenn man seine Selbstachtung definitiv verloren hat."
Marcel Proust

11 SCHRITTE, UM DIE SELBSTACHTUNG WIEDERZUERLANGEN

Diese 11 Schritte zeigen Ihnen einen optimalen Weg, um zu lernen sich wieder selbst annehmen. Nutzen Sie diese als Ihr persönliches Mantra und verfolgen Sie den damit angestoßenen Richtungswechsel. Natürlich wird es sich nicht immer leicht und angenehm gestalten. Führen Sie sich aber auch vor Augen, dass jeder liebenswert und wertvoll ist. Alle Menschen haben Macken. Fehler sind da, um gemacht zu werden, um anschließend über sich hinauszuwachsen.

1. Erkennen und bewahren Sie sich Ihre Werte und Ideale!

2. Verlieren Sie niemals Ihre Träume und Ziele aus dem Blickfeld und verfolgen Sie diese konsequent!

3. Sprechen und denken Sie immer positiv über sich selbst!

4. Zeigen Sie Dankbarkeit für die Dinge, die Sie haben und die Sie richtig gut können!

5. Verlassen Sie sich auf Ihre Instinkte!

6. Wenn sich etwas nicht richtig anfühlt, lassen Sie die Finger davon!

7. Nehmen Sie „NEIN“ wieder in Ihren Wortschatz auf!

8. Es allen recht machen zu wollen, können Sie bleiben lassen!

9. Trennen Sie sich von Dingen, über die Sie keine Kontrolle haben!

10. Meiden Sie negative Personen!

11. Lassen Sie sich Ihre Strahlkraft nicht nehmen, nur weil andere davon geblendet werden und damit nicht umgehen können!

Auf dem Weg zu mehr Selbstbewusstsein, Selbstachtung und einem stärkeren Selbstwertgefühl wird Ihnen auffallen, wie sehr Sie selbst Ihr eigenes Potenzial limitiert haben. Sie haben die Denkweisen anderer zu Ihren eigenen gemacht und sich damit in Ihrer Persönlichkeitsentwicklung Fesseln angelegt. Die destruktive Kritik, die Sie an diesen Punkt gebracht hat, hat Sie lange Zeit begleitet und lässt sich nicht einfach beiseiteschieben. Allerdings können Sie einen neuen Blickwinkel darauf erhalten, indem Sie erkennen, dass Sie an diesen negativen Erfahrungen über sich hinauswachsen können.

Nehmen Sie sich mit allen Stärken, Schwächen und Eigenarten an und erlauben Sie sich endlich das wahre „Ich“ kennen und lieben zu lernen.

NEGATIVE DENKMUSTER ABLEGEN UND SELBSTACHTUNG STÄRKEN

Genauso wie sich der Verlust der Selbstachtung schleichend eingestellt hat, dauert es auch eine gewisse Zeit, um diese wieder aufzubauen und zu stärken. Sie haben sich viele Jahre lang eine negative Denkweise und Denkmuster angeeignet. Mit einem Fingerschnippen tritt keine Veränderung ein. Ihnen ist aber klar geworden, dass großer Handlungsbedarf besteht.

Das ist die beste Grundvoraussetzung, die es gibt. Mit der Erkenntnis stellt sich auch die nötige Motivation ein, um anzufangen und durchzuhalten. Gerade, wenn Sie positiv über sich denken und dieses regelmäßig wiederholen, beginnt sich das Unterbewusstsein zu festigen. Positive Gedanken über sich selbst machen sich breit und lassen negativen Denkweisen keinen Raum, um die Oberhand zu gewinnen.

DIE EIGENEN FEHLER AKZEPTIEREN

Eigene Fehler werden meist höher eingestuft als die Fehler, die andere Menschen machen. Schuld daran ist, dass Sie täglich daran erinnert werden und sich selbst gut genug kennen. Zudem erwarten Sie von sich selbst bedeutend mehr, als Sie von anderen erwarten.

Dieser ausgewachsene Perfektionismus ist ungesund, weil kein Mensch in der Lage ist, diesem gerecht zu werden. Lassen Sie ruhig Gnade walten und betrachten Sie sich realistisch und wohlwollend, mit allen Stärken und Schwächen. Das, was Sie anderen zugestehen, sollten Sie genauso für sich selbst in Anspruch nehmen.

Wenn schwierige Situationen auftreten, zeigen Sie sich selbst, dass Sie Mitgefühl haben und spenden Sie sich selbst Trost. Sie sind ein wertvoller Mensch. Also geben Sie sich diese Wertschätzung!

IHRE EIGENE PERSÖNLICHKEIT IST DAS WICHTIGSTE!

Selbstachtung wird immer wieder vom Umfeld abhängig gemacht. Gibt es auf die eigene Person positives Feedback von anderen Menschen, stellt sich ein Gefühl von Selbstachtung ein.

Diese empfundene Selbstachtung kommt aber nicht von Ihnen selbst, sondern von außen und birgt viele Risiken. Erleben Sie Kritik von außen oder kommt es zu Meinungsverschiedenheiten, verändert sich nicht der Wert Ihrer Person.

Wahre Selbstachtung baut auf dem Vertrauen in sich selbst auf. Auf Zuspruch von außen sind Sie gar nicht angewiesen. Wenn Sie das erkennen, haben Sie den ersten Schritt Richtung ausgewogener Selbstachtung gemacht.

KLARE ABGRENZUNGEN SCHAFFEN!

Menschen mit einer geringen Selbstachtung werden herumgeschubst und als Prellbock genutzt, weil sie denken, dass sie es nicht anders verdient haben. Um aus dieser Spirale herauszukommen, müssen Sie Ihren Mitmenschen klare Grenzen aufzeigen.

Bis hierhin und nicht weiter! Sie sind kein Pausenclown und müssen sich nicht alles bieten lassen. Zeigen Sie der Familie, Freunden und Kollegen, dass Sie sich selbst schätzen, sich wehren können, zu Ihrer Meinung und Ihren Ansichten stehen.

Grenzen brauchen Sie aber auch für sich selbst. Denn damit gelingt es Ihnen, Ihre Selbstachtung aufrechtzuerhalten. Beobachten Sie, dass Sie wieder in alte Verhaltensmuster zurückfallen, ziehen Sie die Notbremse!

DIE VERBINDUNG ZWISCHEN SELBSTBEWUSSTSEIN UND SELBSTWERT

In den ersten Lebensjahren wird durch Gene und Erfahrungen die Grundlage für die Persönlichkeit geschaffen. Sie bestimmt die Haltung, die ein Mensch gegenüber sich selbst entwickelt. Selbstwertgefühl ist auch später noch zu verbessern, wenn Sie vorhandene Grenzen akzeptieren und auf Ihre Stärken bauen.

Die menschliche Psyche stellt mit Selbstbewusstsein eine Eigenschaft bereit, die Reaktionen, Haltung, Mimik und Gestik prägen. Gleichzeitig haben selbstbewusste Menschen ein anderes Empfinden für Freude, das wiederum das Selbstbewusstsein stärkt. Es stellt sich größere Neugier, größeres Interesse und Offenheit für neue Erfahrungen ein, sodass sich Freude, Harmonie und Glück vergrößert und sich ein Weg in ein zufriedenes Leben ergibt.

Ein schwaches Selbstbewusstsein stellt sich in Mutlosigkeit und Antriebslosigkeit dar. Denn es wird sich jegliche Kompetenz abgesprochen. Zudem fühlen Sie sich unattraktiv und würden sich am liebsten verstecken. Es wird versucht, Herausforderungen zu vermeiden. Es entsteht ein Schamgefühl, das zu einer weiteren Abwertung der Persönlichkeit führt.

Schnell stellt sich der Gedanke der Sinnlosigkeit ein, den Sie auf Ihr Leben projizieren. Folgen eines mangelnden Selbstbewusstseins können psychische Erkrankungen wie Depressionen und Essstörungen sein. Der Grundstein für die Persönlichkeitsentwicklung wird bereits im zarten Alter von 5 Jahren gelegt und bestimmt im Wesentlichen, in welche Richtung die Entwicklung erfolgt.

Forscher haben herausgefunden, dass die durchschnittliche Stärke des Selbstbewusstseins zu 50 Prozent genetisch bedingt ist. Sie bezeichnen dabei das Selbstbewusstsein als Selbstwertgefühl. Daher ist klar, dass sich schon sehr früh entscheidet, wie das Selbstwertgefühl aussieht. Einfluss darauf haben das Elternhaus, die Schule und der Freundeskreis. Die Entwicklung der kindlichen Persönlichkeit ist im Alter von rund 20 Jahren ausgebildet. Definiert ist dabei der Rahmen des Bildes, das Sie selbst von sich haben. Innerhalb dieser Grenzen können sich aber auch Veränderungen einstellen.

Sie werden durch äußere Umstände beeinflusst und stehen in engem Zusammenhang mit Bestätigung, die Sie in Ihrem jeweiligen Umfeld bekommen.

Aus diesen Grenzen ausbrechen gelingt nur schwerlich, es sei denn, professionelle Hilfe unterstützt Sie dabei, die persönliche Struktur zu verändern und über den Tellerrand hinauszuschauen.

BINDUNG ZU EINER BEZUGSPERSON – WICHTIGE GRUNDLAGE FÜR EIN AUSGEPRÄGTES SELBSTBEWUSSTSEIN

Direkt nach der Geburt eines Kindes beginnt die Ausprägung des Selbstbewusstseins. Doch erst im Alter von 2 Jahren entsteht scheinbar die Empfindung für einen positiven Selbstwert. Es zeigt sich, dass Kinder zu diesem Zeitpunkt Freude für ihre Erfolge empfinden. Das schlechte Selbstwertgefühl stellt sich erst rund ein halbes Jahr später ein.

Eine wichtige Komponente für den Selbstwert ist Selbstvertrauen. Kleine Babys müssen darauf vertrauen können, dass Eltern ihre Bedürfnisse verstehen und befriedigen, gerade weil sie diese noch nicht mit Worten zum Ausdruck bringen können. Das Vertrauen wird zuerst auf die Eltern und später auf sich selbst übertragen. Dahinter steckt eine einzigartige Erkenntnis.

> *„Wenn ich anderen Menschen vertrauen kann, kann ich auch mir selbst vertrauen!“*

Sie führt dazu, dass „Selbst-Vertrauen“ entwickelt wird. Für die Ausprägung des Selbstbewusstseins ist die Bindung an eine Bezugsperson sehr wichtig.

Dementsprechend sollte der Umgang mit Stimmungen wie Wut, Angst, Freude und Trauer immer angemessen ausfallen. Wichtig sind, das Annehmen und die Art, wie damit umgegangen wird.

Haben Sie frühzeitig eine sichere Bindung zu einer Bezugsperson gehabt, waren Sie bereits im Kindergarten in der Lage, ausdauernder, fantasievoller, fröhlicher, interessierter zu sein und konnten Konflikte lösen? Für den Umgang mit Emotionen sind im Alter von 5 Jahren bereits entscheidende Muster vorhanden.

Die Wissenschaft hat herausgefunden, dass die Reife des Gehirns eines 5-Jährigen zu 90 Prozent, dem eines Erwachsenen entspricht. Wurde bis zu diesem Zeitpunkt ein gutes Selbstbewusstsein aufgebaut, sind beste Voraussetzungen für ein glückliches Leben geschaffen. Die Wissenschaft hat bisher keinen festen Platz im Gehirn für das Selbstbewusstsein gefunden.

Daher kann davon ausgegangen werden, dass viele Bereiche dafür verantwortlich sind. Neurowissenschaftler gehen dementsprechend davon aus, dass es nicht nur ein „ICH“, sondern acht „ICHs“ gibt. Der Bremer Hirnforscher Gerhard Roth definiert sie folgendermaßen:

Körper-Ich:

Damit stellt sich das Gefühl ein, dass Sie in dem Körper stecken, der wirklich Ihr Körper ist

Verortungs-Ich:

Es stellt das Bewusstsein bereit, dass Sie sich am richtigen Ort befinden, den Sie sich selbst zugedacht haben

Perspektivische Ich:

Es sorgt dafür, dass Sie in Ihrer Welt der Mittelpunkt sind und dieses auch so erleben

Kontroll-Ich:

Sie haben Einfluss auf Ihre Gedanken und Handlungen und gelten damit als Verursacher und Herrscher gleichermaßen

Erlebnis-Ich:

Zeigt Ihnen, dass Sie Ihre Gefühle, Ideen, Wahrnehmungen leben empfinden und nicht diese, die durch andere beeinflusst sind

Selbstreflexive Ich:

bietet Ihnen die Möglichkeit, über sich selbst nachzudenken

Das **ethische Ich**:

ist Ihr Gewissen. Es sagt Ihnen, was sie tun oder lassen sollten

Das **autobiografische Ich:**

ist die Überzeugung, dass Sie heute derselbe sind, der Sie gestern waren. Damit erleben Sie eine Kontinuität Ihrer eigenen Gefühle

In der Gehirnforschung lassen sich diese Bewusstseins- und Ich-Zustände differenzieren. Denn bei einer Erkrankung des Gehirns oder einer Hirnverletzung können sich getrennt voneinander Beeinträchtigungen ergeben.

Das Gesamtpaket der Ichs ergibt die Grundlage dafür, dass Sie sich selbst und die Beziehung zu Ihrem Umfeld wahrnehmen können. Damit bilden sie die Basis für das Selbstbewusstsein, wo die verschiedenen Glieder engmaschig miteinander verbunden sind. Nur so kann in Ihr Bewusstsein Ihr Selbstbild eindringen. Das daraus resultierende Selbstwertgefühl besteht aus mehreren Dimensionen und kann über unterschiedlich gelagerte Ausprägungen verfügen.

Eine wichtige Rolle für das Selbstbewusstsein ist Dopamin. Dieser Botenstoff regt die grauen Zellen des Gehirns an und sorgt dafür, dass durch die Ausschüttung eine bessere Verarbeitung von Informationen erfolgt. Gleichzeitig wird die Neugier geweckt und die Fantasie angeregt.

Wenn nur chemische Substanzen nötig sind, um das Selbstbewusstsein zu stärken, wäre es doch sehr einfach, durch beispielsweise Amphetamine die Ausschüttung zu erhöhen und das Selbstbewusstsein zu steigern.

Auch wenn chemische Substanzen Gefühle und Handlungen beeinflussen, hat die Psyche des Menschen ein geeignetes Chemielabor. Glücklicher und selbstbewusster werden Sie auf Dauer durch das Experimentieren mit Tabletten und anderen Substanzen nicht. Das herbeigeführte Hochgefühl und Selbstbewusstsein sind beim Nachlassen der Wirkung schnell wieder verschwunden und hat keine wirkliche Substanz.

Die frühkindliche Prägung der Persönlichkeit und Ihre Gene sind nicht einfach veränderbar. Das gestaltet sich auch als äußerst sinnvoll, weil Sie dafür geschaffen sind, in einem kompakten Gebilde zu überleben. Darum gibt es einen stabilen Kern, der Ihr „selbst“ darstellt und nicht manipulierbar ist. Aus eigenem Willen heraus werden Sie nicht zu einem neuen Menschen. Doch mit der vorhandenen Substanz können Sie lernen zufriedener und glücklicher zu werden.

Ihr Selbstwertgefühl steht in dauerndem Kontakt mit Ihrer Umgebung und pendelt sich regelmäßig neu aus. Dieses hilft Ihnen, Dinge zu verändern und sogar zu verbessern.

Kommunikation mit anderen ist ein Bereich, wo Sie Bestätigung und soziale Geborgenheit in Ihrem Umfeld finden.

Wer einen freundlichen Umgang pflegt und ein zuverlässiger Partner ist, bekommt ein positives Feedback, welches ein gutes Selbstwertgefühl hervorruft. Pflegen Sie daher Beziehungen und sehen Sie diese als wichtige Investition.

STABILITÄT UND STÄRKE FÖRDERT DAS SELBSTBEWUSSTSEIN

Neben dem, was Sie bereits in den Genen haben, lässt sich Ihr Selbstbewusstsein zusätzlich stärken. Überlegen Sie einmal, wie stabil Ihre Grundlage bei verbalen Angriffen, Stress, Beleidigungen und Ärger ist. Wenn Sie an dieser Stelle einmal genauer hinhören, stellen Sie schnell fest, dass Sie vielleicht gar nicht so gut damit umgehen können und sehr empfindlich reagieren.

Gerade solche Situationen zeigen Ihnen, dass Ihr Selbstbewusstsein, Ihr Selbstwert und das Selbstvertrauen nur Fassade sind. Die negativen Gefühle haben Sie innerlich komplett im Griff.

Um diese zu verändern, helfen positive Gedanken und die Erkenntnis, dass selbst negative Dinge auch eine positive Seite haben und Sie in Ihrer Persönlichkeitsentwicklung weiterbringen.

Um widerstandsfähiger zu werden, lohnen sich unterschiedliche Entspannungsmethoden, genauso wie Meditation. Dabei gehen Sie in sich, sprechen mit sich selbst und lokalisieren, was sie ärgert, auf die Palme bringt und wie diese Dinge Ihr Leben beeinflussen.

SCHWIERIGKEITEN BESSER MEISTERN

Wichtig ist, dass Sie Verdrängungsstrategien vermeiden, wenn Sie Schwierigkeiten besser meistern möchten. Damit lernen Sie, besser mit Schwierigkeiten umzugehen sowie Stress und Ängste zu bewältigen. Nutzen Sie die direkte Konfrontation, um eine gestärkte Persönlichkeitshaltung aufzubauen und damit Ihr Selbstbewusstsein zu stärken.

Unterschätzen Sie dabei nicht die Wirkung, die Sport und Yoga haben können. Denn in einem starken Körper steckt auch ein starker Geist.

Indem Sie an Stärke zulegen, werden Sie unabhängig von der Meinung anderer und erlangen mentale Stärke, die eng mit der Persönlichkeitsentwicklung verbunden ist.

Unabhängiger werden und dabei freundlich sein. Freunde sind gleichzeitig oft auch Hindernisse, wenn es darum geht, sich zu verändern, Selbstbewusstsein aufzubauen und die Persönlichkeit weiterzuentwickeln. Sie verbringen nämlich nicht nur die schönsten Momente mit Ihnen, sondern Sie sind auch gleichzeitig ihrem Einfluss ausgesetzt.

Täglich machen Sie Dinge, nur um anderen zu gefallen und stellen dabei Ihre eigenen Wünsche, Ziele, Absichten und Träume auf das Abstellgleis. Im Extremfall kann Manipulation sogar ungeahnte Dimensionen annehmen, wenn diese dazu genutzt wird, um Sie klein zu halten. Freunde stellen vielfach ein Hemmnis bei der Entwicklung des Selbstbewusstseins, mentaler Stärke, Selbstvertrauen und Selbstwert dar, auch wenn es nicht immer offensichtlich ist.

Für dieses Problem gibt es aber eine einfache Lösung. Lernen Sie Grenzen zu ziehen und das kleine Wort „Nein“ in Ihrem Sprachgebrauch öfter zu verwenden. Zeigen Sie Ihrem Umfeld durch klare Kommunikation Ihre Regeln und Ziele auf.

Damit erreichen Sie, dass Ihr Umfeld Sie ernst nimmt. Freunde, die Ihren Schritt ernst nehmen, werden Sie motivieren. Diejenigen, die Ihre Ziele nicht verstehen, haben in Ihrem Umfeld nichts zu suchen und werden sich von ganz alleine distanzieren.

OFFENER WERDEN, OHNE ANDEREN ANGRIFFSFLÄCHE ZU BIETEN

Die Art der Kommunikation, die Sie führen, bedeutet nicht nur Offenheit, sondern bietet anderen Angriffsfläche, um Sie daran zu hindern, selbstbewusster zu werden und mehr Selbstvertrauen aufzubauen. Offenheit und Vertrauen stehen dabei eng nebeneinander und sorgen neben einzigartigen Erlebnissen auch für Verletzbarkeit und Enttäuschung. Um sich gegen solche Angriffe zur Wehr zu setzen, ist es lohnenswert, die Anfeindungen und Angriffe positiv zu werten.

Damit stärken Sie nicht nur Ihr Selbstbewusstsein, sondern finden heraus, welche Menschen hinter Ihnen stehen und dabei behilflich sind, dass Sie Ihrem Ziel ein Stück näherkommen. Dadurch erlangen Sie Stabilität, machen ganz neue Erfahrungen und nehmen negative Dinge deutlich leichter.

KONTINUIERLICHE WEITERENTWICKLUNG UND NEUE KENNTNISSE ERLANGEN

Die Offenheit und damit verbundenen Erlebnisse lassen sich deutlich verstärken, wenn Sie mehr Wissen aufbauen, neue Fähigkeiten erlernen und stärken. Persönlichkeit, Selbstbewusstsein und Selbstwert entwickeln sich parallel mit dem Wissen darum, dass Sie bestimmte Dinge sehr gut machen. Es muss dabei keine große Sache sein, die jeder mitbekommt. Auch die kleinen Dinge gehören zur kontinuierlichen Weiterentwicklung.

Es gibt niemanden auf der Welt, der alles weiß und alles kann. Das brauchen Sie von sich selbst auch nicht zu erwarten. Ihre Persönlichkeit macht die unvollkommene Vollkommenheit aus. Seien Sie sich dessen immer bewusst. Öffnen Sie sich für neues Wissen und entwickeln Sie ein Gefühl für Ihre Erfahrungen.

Dadurch erleben Sie Situationen auf eine neue Art und Weise, die Ihren Horizont erweitern. Da Weiterentwicklung aber mit Veränderungen verbunden ist, wird sich schon bald der innere Schweinehund als starker Gegner aufstellen. Doch eigentlich ist er gar nicht so stark, wie er sich aufspielt und lässt sich recht einfach in seine Schranken weisen.

Ein kleines Beispiel:
Stellen Sie sich einfach vor, dass Ihre Willenskraft ein Muskel ist, der durch hartes Training wächst. Sie starten mit einfachen Übungen wie beispielsweise 10 Menschen am Tag lächelnd gegenüberzutreten.

Nutzen Sie Erfolge in kleinen Dingen als Motivator, um an schwere Dinge heranzugehen und über sich hinauszuwachsen. Die Willenskraft ist schließlich ein so starker Muskel, der Sie dazu bewegt, alles anzupacken, was Sie sich vorgenommen haben. Ihre ganz persönliche Entscheidung ist dafür zuständig, ob Sie der Mensch sein können, der Sie immer sein wollen.

BESSER PROBLEME, ÄRGER UND STRESS BEWÄLTIGEN

Beim Bewältigen von Stress, Ärger und Problemen werden Sie auf Hindernisse stoßen. Nicht nur Sie merken die Veränderung. Anderen bleibt sie auch nicht verborgen, sodass ganz automatisch Reibungspunkte und Spannungen auftauchen.

Sie können sich zwar aus der Schusslinie herausnehmen. Doch der richtige Ansatz für die Bewältigung von Problemen ist das nicht. Im Streit neigen Menschen dazu, den gegenüber zu beschuldigen.

Dabei passiert es auch, dass andere Umstände für die eigene Situation verantwortlich gemacht werden. Damit geben Sie die Verantwortung ab und begeben sich in ein Hamsterrad.

Als absolute Krönung von mehr Selbstwert und mehr Selbstbewusstsein ergibt sich aus der Erkenntnis, selbst verantwortlich für das eigene Leben zu sein. Wenn Sie dieses erreicht haben, ist Ihnen klar, dass:

- Sie selbst die Probleme geschaffen haben
- Ihre eigene Einstellung mitunter suboptimal ist
- nachdenken über kritische Situationen lohnenswert ist

Damit umgehen Sie zwar keine Probleme, haben aber das Wissen darüber, dass es für jedes Problem eine Lösung gibt, die Sie vielleicht sogar schon kennen.

IHRE KRÄFTE SINNVOLL UND EFFEKTIV NUTZEN

Indem Sie Situationen nicht mehr als Problem oder Hindernis betrachten, geschieht etwas ganz Besonderes. Sie entwickelt unglaubliche Kräfte, die Sie ganz bewusst dafür nutzen können, um wieder ein Stück weit vorwärtszugehen.

Sie haben das Selbstbewusstsein, den Chef für Ihre Leistungen nach einer Gehaltserhöhung zu fragen oder das Selbstvertrauen, das andere Menschen anzusprechen.

Werden Sie sich Ihrer Stärken und Fähigkeiten, genauso wie Ihren Schwächen bewusst. Damit lässt sich hervorragend an mehr Selbstvertrauen, mehr Selbstbewusstsein, mehr Selbstwert und einer stärkeren Persönlichkeit arbeiten.

Primär sind es sicherlich die Erfolge, die Sie weiter antreiben. Doch das oberste Ziel ist Ihre Persönlichkeit, die Sie mit jeder Faser Ihres Körpers leben.

MENTALE STÄRKE TRAINIEREN UND EMOTIONAL GEFESTIGT WERDEN

Emotionale Stärke bekommt der Mensch nicht in die Wiege gelegt, sondern erlangt er durch die Persönlichkeitsentwicklung. Daher ist sie trainierbar und lässt sich auch weiter ausbauen. Dieses gelingt Ihnen, indem Sie sich ganz bewusst Unbequemlichkeiten und unangenehmen Situationen aussetzen. Das mag vielleicht absurd klingen, weil Sie damit Ihre geliebte Komfortzone verlassen müssen.

Es ergibt aber durchaus einen Sinn, wenn Sie mehr Selbstbewusstsein erlangen möchten. Mentale Stärke bedeutet, dass Sie eine andere Sichtweise erlangen und aus einem anderen Blickwinkel heraus die Welt betrachten. Dieses wird als Antifragilität bezeichnet.

Nassim Taleb hat sich ausgiebig damit beschäftigt und festgestellt, dass Antifragilität ein Ausgangspunkt der Evolution und Natur ist. Dieses können Sie in seinem gleichnamigen Buch nachlesen. Dementsprechend gestaltet es sich mit fragilen Dingen so, dass sie Druck nicht standhalten. Antifragile Dinge wiederum gewinnen, wenn sie Dynamik und Veränderlichkeit ausgesetzt werden.

Im Spektrum Ihrer Gedanken verstehen Sie leicht, was Fragilität bedeutet. Doch wenn Sie den Versuch starten, über das Gegenteil nachzudenken und sich dieses vorzustellen, stoßen Sie auf Unverständnis. Für den Begriff Veränderlichkeit finden Sie nicht direkt eine Umschreibung. Im Vergleich mit einem Gegenstand könnte die Bezeichnung „stabil" lauten. Diese Antwort ist aber nicht ganz richtig, auch wenn ein stabiler Gegenstand eine grobe Behandlung besser übersteht als ein fragiles Bild. Dementsprechend stellt es sich nicht als Antithese dar. Es erfolgt keine Bereicherung durch die negativen Umstände.

Die Bereicherung bzw. der veränderte Blickwinkel auf die Welt entsteht durch eine grobe Behandlung. Denn Sie verschicken ein Paket mit zerbrechlicher Ware mit der Aufschrift „Bitte grob behandeln". Die Definition fällt auch deshalb so schwer, weil die unterschiedlichen Sprachen kein passendes Wort dafür haben. Daher wird für Veränderungen, die aus Veränderlichkeit und Dynamik entstehen, die Bezeichnung antifragil verwendet.

Ein kleines Beispiel:
Sie kennen aus der griechischen Mythologie Hydra, die vielköpfige Schlange. Wurde ihr mit einem Schwerthieb ein Kopf entfernt, wuchsen an genau dieser Stelle zwei neue Köpfe nach. Jede Verletzung, die die Hydra erlitten hat, war für sie ein Profit und damit antifragil.

Ähnlich gestaltet es sich mit den Widerstandskräften des Menschen. Denn jede Situation, die Ihnen kurzfristig den Boden unter den Füßen wegreißt und Sie verletzt führt dazu, dass Sie Ihre mentale und emotionale Stärke weiter ausbauen. Nachdem Sie sich kurzzeitig Ihre Wunden geleckt haben, kehren Sie genauso wie der Phönix aus der Asche deutlich stärker ins Leben zurück. Dementsprechend liegt es in der Natur der Dinge, dass zuerst etwas passieren muss, das Ihre Sichtweise in den Grundmauern erschüttert, bevor Sie in der Lage sind, eine neue Sichtweise auf Ihre Person und die Umwelt zu erlangen.

FÜR MENTALE STÄRKE UNBEQUEMLICHKEITEN BEWUSST WÄHLEN

Es gibt viele verschiedene Beispiele, wo sich Menschen Unbequemlichkeiten aussetzen, um mentale Stärke zu trainieren. Dazu gehören beispielsweise die Einzelkämpfer bei der Bundeswehr oder die amerikanische Eliteeinheit, die Navy-Seals.

Sie üben ihre Einsätze unter sehr schwierigen Bedingungen, um in Extremsituationen im Ernstfall optimal agieren zu können. Sie überwinden Angst und bauen damit mentale Stärke auf.

Ein wichtiger Leitspruch lautet daher: *„Verliere Deine Angst davor, abgelehnt zu werden und baue mentale Stärke auf.“* Der Satz hört sich gut an. Letztendlich bedeutet er, dass Sie Ihre Angst überwinden, indem Sie sich der Konfrontation mit Ihrer Angst auf Ablehnung in der Realität stellen. Doch wie bewerkstelligen Sie das? Verlassen Sie Ihre Komfortzone. Damit erreichen sie, dass Sie über sich hinauswachsen.

KRAFT AUS DER RUHE SCHÖPFEN

Haben Sie schon einmal etwas über stoische Ruhe gehört? Über sogenannte Stoiker gibt es eine Vielzahl von Annahmen wie beispielsweise, dass sie sich einem Leben ohne Emotionen hingeben. Doch glauben Sie nicht alles, was in Bezug auf Stoizismus zu hören und zu lesen ist. Stoische Ruhe bieten Ihnen Techniken, die Sie sehr wirksam zu einem erfüllten Leben führen. Wer sich dazu entscheidet, stoische Prinzipien ins Leben mit aufzunehmen, spürt eine unbeschreibliche Dankbarkeit und sieht viele Dinge nicht mehr als Selbstverständlichkeit an. Damit gelingt es Ihnen, Ihre Komfortzone zu erweitern und gleichzeitig dem eigenen Leben mit Dankbarkeit gegenüberzutreten.

Die stoische Lehre mag vielleicht für manche wie eine gewisse Art von Masochismus klingen. Eigentlich ist es aber genau das Gegenteil.

Denn es geht nicht darum, sich selbst zu bestrafen, sondern um mehr Dankbarkeit und Lebensfreude zu empfinden. Der Stoiker schätzt sogar ein gewisses Maß an Unbequemlichkeit, weil er das Wissen darum hat, dass er daran wächst und mentale Stärke gewinnt. Wer also lernt, sich kleinen Unbequemlichkeiten hinzugeben, erlangt das Selbstbewusstsein, welches er braucht, um sich größeren Herausforderungen zu stellen. Damit erlangen Sie mentale Stärke, um Ihre Persönlichkeit weiterzuentwickeln.

Unbequemlichkeiten stellen viele Vorteile bereit. Denn im Ernstfall ergibt sich eine hohe Toleranz gegenüber Unannehmlichkeiten, die Ihnen durch Ihr starkes Selbstbewusstsein bereitgestellt wird.

Da keiner vor unangenehmen Situationen gefeit ist, werden immer wieder Hindernisse auftauchen. Nutzen Sie doch diese Stolpersteine auf Ihrem Weg, um etwas Neues zu erschaffen. Gehen Sie gelassen und lösungsorientiert an solche Situationen heran und seien Sie dankbar.

Der größte Faktor für ein glückliches Leben ist Dankbarkeit, weil dankbare Menschen immer genug davon haben. Sie verhindert Angst, da beide nicht nebeneinander existieren können. Dankbarkeit gibt es ohne Gegenleistung. Sie bekommen diese einfach geschenkt.

Worauf begründet sich Ihre Angst? Es ist die Person, die Sie gerne sein möchten und die Sie sind. Keine Angst zu empfinden, ist die Fähigkeit, mutig zu sein und sich trotz scheinbarer Angst vorwärtszubewegen. Wenn Sie immer nach dem gleichen Schema handeln, wird sich nichts verändern. Sie bekommen nur das, was Sie bisher immer bekommen haben.

„Das Leben beginnt erst außerhalb der Komfortzone."
Neale Donald Walsh

Dementsprechend sollten Sie sich freiwillig auf Unannehmlichkeiten einlassen und Ihre Komfortzone verlassen. Mit Willenskraft überwinden Sie Ihren inneren Schweinehund und entwickeln mentale Stärke.

Es gibt schöne Beispiele, um mentale Stärke zu erlangen und Widerstandsfähigkeit zu erreichen. Dabei verändern Sie Gewohnheiten, die Ihnen Freude bereiten und verlassen dabei Ihre Komfortzone.

Beispiele für ein einmaliges Ausprobieren, um die Komfortzone zu verlassen und Dankbarkeit zu empfinden:
- stellen Sie Ihre Ernährung auf intermittierendes Fasten um und verzichten Sie auf das Frühstück.
- tauschen Sie Ihr kuschelig warmes und weiches Bett gegen einen harten Schlafplatz auf dem Fußboden.
- anstatt morgens heiß zu duschen, duschen Sie mit kaltem Wasser.
- nutzen Sie einige Tage eine monotone Ernährung und essen Sie beispielsweise nur Reis und Bohnen.

Sie werden sich wundern, welchen Einfluss solche Veränderungen haben. Plötzlich empfinden Sie große Dankbarkeit für die Dinge im Leben, die eigentlich als selbstverständlich gesehen werden.

Bequemlichkeit ist der Grund, warum Menschen die Komfortzone nicht verlassen wollen. Dabei fehlt es nicht an immer mehr Informationen oder an mehr Lebensfreude. Vielmehr ist es die Dankbarkeit, die abhandengekommen ist. Menschen lassen sich von Freude leiten und geben dem inneren Schweinehund nach.

Das ist die dunkle, bedrohliche Seite, die das Selbstbewusstsein, den Selbstwert, das Selbstvertrauen und damit der Persönlichkeitsentwicklung im Wege steht.

Natürlich sollen Sie sich belohnen und sich etwas gönnen. Doch Ihr Verlangen kann zu einem bösartigen Geschwür mutieren, wenn Sie nicht genau aufpassen. Der Meister wird dabei zum Sklaven.

Es wird begonnen über das Hier und Jetzt, genauso wie über Morgen zu klagen. Dabei verlieren Sie den Blick für den Moment, für den Sie dankbar sein und den Sie wertschätzen sollten.

MEHR SELBSTBEWUSSTSEIN UND SELBSTWERT – 8 PRAKTISCHE TIPPS

Mit dem eigenen Selbstbewusstsein und dem eigenen Selbstwert ist das immer so eine Sache, da mehr von beidem auch Veränderungen mit sich bringt. Doch die positive Wirkung, die innere Stärke und das Akzeptieren von allen Dingen, die zu Ihnen gehören, machen Sie zu einem neuen Menschen, der seine Persönlichkeit weiterentwickelt.

Ja! Es ist auch mit Arbeit verbunden. Mit dem Wissen um die richtigen Werkzeuge, gelingt es Ihnen, Potenziale in Ihnen zu wecken. Dabei helfen Ihnen die nachfolgenden Praxistipps, die Sie ab jetzt öfter in Ihrem Alltag nutzen sollten. Ganz wichtig: Haben Sie Spaß dabei!

1. Lächeln ist die beste Medizin

Die einfachste und schnellste Methode, um sich selbst ein positives Gefühl zu geben und damit mehr Selbstbewusstsein zu erlangen ist Lächeln. Denn Ihr Geist ist eng mit Ihrem Körper verbunden und sie beeinflussen sich gegenseitig. Wenn ein gutes, selbstbewusstes Gefühl vorhanden ist, entsteht ganz automatisch ein fröhlicher Gesichtsausdruck mit einem Lächeln auf den Lippen. Ist das Lächeln zuerst vorhanden wird es auch umgekehrt funktionieren und ein gutes Gefühl stellt sich ein, obwohl man das Lächeln am Anfang nur vorspielt.

Versuchen Sie auch unangenehmen Situationen oder Tagen, an denen Sie sich nicht gut fühlen, mit einem Lächeln zu begegnen. Schnell werden Sie spüren, dass sich eine Veränderung einstellt. Ihr bisher negatives Gefühl wird abgeschwächt oder verschwindet komplett. Dabei stellt sich mehr Selbstsicherheit ein, da Sie Ihren Selbstwert mit anderen Augen betrachten.

Eng damit verbunden ist eine neue Sichtweise der Dinge, die Sie durch positives Denken beeinflussen, ganz gleich, wie schwierig sich die Situation gerade darstellt. Positives Denken lässt sich erlernen. Dabei spielt Alter keine Rolle. Um negative Gedanken aus Ihrem Kopf zu verbannen, sollten Sie nach und nach diese Gedanken zu Positiven verwandeln und die Wahrnehmung der Umwelt positiv betrachten.

Doch warum ist positives Denken so wichtig, um mehr Selbstbewusstsein zu erlangen und den Selbstwert zu steigern? Es gibt genug Menschen, die glauben, dass positive Denkweisen Quacksalberei ist. Denn positives Denken beruht nur auf der Einbildung und dient dazu, die Realität nicht klar zu sehen. Grundsätzlich sollte der Realität ins Auge geblickt und negative Dinge wahrgenommen werden, so wie sie sich darstellen. Grundsätzlich ist diese Aussage richtig.

Wer positives Denken falsch nutzt, erlebt eine negative Wirkung der eigentlich positiven Gedanken, weil krampfhaft der Versuch gestartet wird, negative Dinge durch die rosarote Brille zu sehen, weil man diese nicht wahrhaben möchte. Genau das sollen Sie nicht machen. Verdrängen bringt Sie kein Stück weiter.

Dabei wird nur unnötig Energie verschwendet. Der richtige Weg ist daher, Situationen erst einmal so zu akzeptieren, wie sie sind. Von diesem Standpunkt aus lässt sich die Aufmerksamkeit auf die positiven Aspekte der jeweiligen Situation lenken.

Damit entwickeln Sie ein Stück weit Optimismus, der zu positivem Denken führt. Sie entscheiden sich für die positiven Dinge der sich negativ darstellenden Situation und haben damit einen guten Ausgangspunkt geschaffen.

Prinzipiell funktionieren eine positive Einstellung und die damit verbundene positive Denkweise nur, wenn Sie sich nicht vor der Realität drücken und nicht krampfhaft versuchen, diese auszublenden. Sie müssen die Situationen annehmen und die Möglichkeiten erkennen, die sich dadurch für Sie ergeben. Damit schaffen Sie eine Veränderung und nehmen die Dinge in einem positiven Licht wahr.

Wie schaffen Sie es, im ersten Schritt eine Situation zu akzeptieren? Die Antwort lautet: Eine Wahl gibt es für Sie nicht! Nehmen Sie Situationen sind so, wie sie sind. Die Welt verändern Sie nicht, weil Sie gar keinen Einfluss darauf haben, egal, was Sie anstellen. Es wird sich nichts verändern. Sie verschwenden nur kostbare Energie, die Sie viel sinnvoller für eine positive Denkweise nutzen sollten. Akzeptieren Sie die Situation und behalten Sie im Gedächtnis, dass Sie mit negativen Gedanken keinen Schritt weiterkommen.

Übung: Machen Sie sich Gedanken darüber, was gerade gut an dieser Situation, dem Ort oder dem Moment ist. Damit wecken Sie Ihre Achtsamkeit, halten inne, atmen tief durch und lassen Ihre Gefühle wirken. Es kristallisiert sich heraus, was an dieser Situation, dem Moment oder dem Ort so besonders für Sie ist. Nutzen Sie Ihre Energie zum Fokussieren und fühlen Sie, wie sich das positive Gefühl entwickelt.

Diese Übung hat den Fokus, gute Dinge im Leben zu erkennen, auch in negativen Situationen. Führen Sie die Übung regelmäßig durch. Mit der Zeit entsteht ein Automatismus in Ihrem Unterbewusstsein, sodass ganz automatisch positive Gedanken entstehen, egal wie schwierig die Situation auch gerade ist. Wie auf Autopiloten konzentrieren Sie sich auf das Positive und generieren dadurch positive Gedanken.

2. Reflektieren Sie Ihre Verhaltensmuster und stärken Sie Ihre Körperhaltung

Die kontinuierliche Optimierung der Persönlichkeit kann in einen regelrechten Wahn ausarten. Denn durch die Gesellschaft wird Ihnen ein bestimmtes Selbstbild vorgegeben, welches vielleicht gar nicht Ihrem persönlichen Lebensstatement entspricht. Trotzdem macht sich das Gefühl breit, dass Sie Ihre Verhaltensweisen kritisch betrachten und überdenken müssen. Die Verpflichtungen aus der Gesellschaft und die eigene Verhaltens- und Denkweise lastet schwer auf den eigenen Schultern, weil Sie glauben, es allen recht machen zu müssen.

Aus dieser seelischen Belastung können schnell auch körperliche Symptome entstehen, die Ihre Lebensqualität nachhaltig beeinflussen. Belastungen nagen an Ihrem Selbstbewusstsein und Ihrem Selbstwert. Doch vielfach sind Ihre Sorgen und Nöte hausgemacht.

An dieser Stelle sollten Sie mit Selbstreflexion den Überprüfungsprozess Ihrer Verhaltensweisen und Persönlichkeit anstoßen, bevor Sie versuchen, Ihr Verhalten und Ihre Denkweise zu optimieren. Schauen Sie genauer hin. Dabei steht nicht die vermeintlich schlechte Denk- und Verhaltensweise im Vordergrund. Schauen Sie, ob es an diesem Verhalten und Denken eine positive Seite gibt.

Sie beäugen nicht mehr nur eine Seite der Medaille, sondern betrachten auch die andere Seite. Dabei haben Sie die Möglichkeit, sich beider Aspekte bewusst zu werden. Es ergibt sich eine gute Grundlage für Entscheidungen, die das Verhalten und die Denkweise beeinflussen. Durch ein stabiles Selbstbewusstsein erlangen Sie eine höhere Flexibilität, die Sie beim Umgang mit sich selbst und Ihrer Umwelt unterstützt. Stellen Sie Ihre Persönlichkeit nicht unter den Scheffel, sondern präsentieren Sie Ihr Selbstbewusstsein mit Ihrer Körperhaltung.

Aufrechter Gang, Kopf nach oben, Blick geradeaus und Schultern nach hinten ist eine perfekte Möglichkeit, Ihre Persönlichkeit darzustellen. Durch eine starke Körperpräsenz verbessern Sie Ihre Ausstrahlung und zeigen Selbstsicherheit. Sie wirken größer und stärker und werden als Fels in der Brandung empfunden.

Es gibt aber auch Situationen, wo Sie ruhig den Blick zum Boden wenden können und eine leicht gebückte Körperhaltung einnehmen dürfen.

Körpersprache ist das Spiegelbild Ihrer Seele und Ihren Empfindungen. Damit können Sie, genauso wie mit der Körperhaltung, vieles zum Ausdruck bringen. Hinterfragen Sie immer, warum Sie sich so

Verhalten und warum Sie eine bestimmte Körperhaltung einnehmen. Haben Sie darauf eine Antwort gefunden, wissen Sie, wofür Ihr Verhalten gut ist und können etwas ändern. Hören Sie nicht auf andere, sondern nur auf sich selbst. Nur Sie wissen genau, was Ihnen guttut und was nicht.

Ihr Glaube an sich selbst führt dazu, dass Sie genauer auf Ihre innere Stimme hören und sich besser fühlen. Damit kommen Sie Ihrem Selbstbewusstsein und Ihrem Selbstwert ein ganzes Stück näher und haben die Chance, beides zu steigern. In Ihrem Leben sind Sie der Maßstab und kein anderer.

Daher führt der Weg zu einem besseren Selbstbewusstsein immer in die Richtung, dass Sie sich besser verstehen und fühlen lernen. Sie finden würdige Lösungen und entdecken dabei Fähigkeiten, die Ihr Leben schöner machen.

3. Entdecken Sie Ihren eigenen Wert

Sie können sich damit beschäftigen, in welchen Situationen Sie sich wertlos gefühlt haben und darüber nachdenken, warum dieses Gefühl eingetreten ist. Damit haben Sie einen Ausgangspunkt geschaffen, der die Frage aufwirft, wie sich diese Situation darstellen müsste, damit Sie sich wertvoll fühlen.

Gerade, wenn es Ihnen an Selbstwert fehlt, ist das genau der richtige Ansatzpunkt. Herauszufinden gilt dabei, wo Sie sich selbst oder andere Menschen die Wichtigkeit Ihrer Persönlichkeit einfach übergehen.

1. Welche Maßnahmen ergreifen Sie in Ihrem Leben, um Ihren eigenen Bedürfnissen und Ihrer Person die Wichtigkeit zu geben?

2. Welche kleinen Schritte führen dazu, dass Sie mehr Selbstbewusstsein und eine höhere Wertigkeit erlangen?

3. Welches Verhalten anderer Menschen suggeriert Ihnen ein minderwertiges Gefühl?

4. Was können Sie dafür tun, um von anderen Menschen als wichtig und wertvoll gesehen zu werden?

Indem Sie selbst zu sich stehen, steigern Sie Ihr Selbstwertgefühl. Selbstkritik ist gut und schön. Sie darf aber nicht zur Selbstablehnung und geringer Wertschätzung führen. Großen Einfluss auf den Selbstwert hat beispielsweise die Werbung. Schlanke Models, Männer mit gestärkten Muskeln und Waschbrettbauch sowie glücklich strahlende Menschen suggerieren ein glückliches, zufriedenes Leben.

Schon in jungen Jahren manifestiert sich in den Gedanken ein Trugbild. Dieses führt dazu, dass Sie sich selbst schlecht und wertlos fühlen. Das Umfeld macht es nicht besser. Sie bekommen negative Meinungen zu Ihrer Person, Ihrem äußeren Erscheinungsbild und Ihrem Körper geliefert, die das Selbstwertgefühl negativ beeinflussen. Machen Sie sich immer klar, dass jeder Mensch wertvoll ist.

4. Verbessern Sie Ihr Körpergefühl für mehr Selbstbewusstsein und Selbstwert

Starke, selbstbewusste und zielgerichtete Menschen haben eine enorme Energie und bewegen sich energiegeladen Ihren Zielen entgegen. Sie wissen, wohin Ihr Schiff fahren soll und haben großes Vertrauen zu sich selbst. Dieses fehlt Menschen, die ziellos sind, Ihren Selbstwert unterschätzen und wenig Selbstbewusstsein haben.

Aus der Ziellosigkeit kommen Sie heraus, wenn Sie anfangen sich zu bewegen. Damit ist wortwörtlich gemeint, dass Sie beim Gehen einen Gang höher schalten. Durch mehr Bewegung werden Sie automatisch aufgemuntert, erlangen Energie, fühlen sich wichtiger und selbstbewusster. Gehen Sie schneller mit zielgerichteten Schritten und einem klaren Blick vorwärts.

Eine Steigerung zum Gehen ist Sport treiben. Damit machen Sie nicht nur etwas für Ihre Gesundheit, sondern stärken Ihr eigenes Körpergefühl. Gerade wenn ein Energieloch vorhanden ist, sollten Sie den inneren Schweinehund überwinden, die Sporttasche packen und sich richtig auspowern.

Danach fühlen Sie sich deutlich besser und energiegeladener. Es stellt sich Lebenslust ein, sodass Sie Ihren Aufgaben mit Schwung entgegentreten. Sport ist nicht nur für den Körper gut, sondern beeinflusst auch die seelische Verfassung, genauso wie den Gemütszustand.

Denn die dabei ausgeschütteten Endorphine stellen ein angenehmes Glücksgefühl bereit. Sie sind glücklich und können sich auf die Schulter klopfen, weil Sie am heutigen Tag etwas für sich gemacht haben. Besser kann es doch gar nicht laufen!

5. Nutzen Sie Plätze in der ersten Reihe

Gewinner stehen auf dem Siegertreppchen ganz oben. Und genau dieses Siegertreppchen ist Ihre Persönlichkeit, die Sie mit Selbstbewusstsein und der richtigen Einschätzung Ihres Selbstwertes darstellen. In der Schule, im Hörsaal von Universitäten, in Besprechungsräumen oder bei Meetings wird sich gerne ein Platz in der hintersten Ecke und Reihe ausgesucht, um nur nicht aufzufallen. Sie bleiben lieber unsichtbar und wollen nicht wahrgenommen werden.

Menschen, die solche Plätze wählen, haben nur sehr wenig Selbstbewusstsein und scheuen sich davor, eine der drei Stufen des Siegertreppchens einzunehmen. Sie würden ja genau in diesem Moment im Rampenlicht stehen und könnten sich nicht mehr verstecken.

Machen Sie sich sichtbar für andere und zeigen Sie den Menschen nicht nur, dass Sie da sind. Überzeugen Sie mit Ihrer Präsenz. Dieser Schritt mag Ihnen vielleicht Angst machen. Doch diese Angst ist irrational und lässt sich überwinden. Hat eine Veranstaltung beispielsweise schon angefangen, wählen Sie trotzdem einen Platz in der ersten Reihe. Damit bewirken Sie, dass andere auf Sie aufmerksam werden und Sie wegen Ihres Selbstbewusstseins bewundern.

Damit stärken Sie Ihr Selbstvertrauen, zeigen, dass Sie etwas Besonderes sind und stellen Ihre Persönlichkeit zur Schau.

6. Nutzen Sie die Sprache, um sich mitzuteilen

Es ist erstaunlich, wie wenig Menschen über Ihre Wünsche, Träume, Visionen und Ihre Ziele sprechen. Betrachten Sie einmal starke, ausgeprägte Persönlichkeiten genauer und hören Sie zu, was diese Menschen zu sagen haben. Sie geben ein klares Statement ab und stehen dahinter.

Leider fehlt es vielen Menschen an diesem Schneid, weil sie befürchten, dass andere Sie für Ihre Meinung, Ihr Denken und Handeln verurteilen. Darum wird vielfach nur dagesessen und nichts gemacht. Die Angst, ein falsches Bild abzugeben, wird völlig überbewertet. Die Menschen, die sich in Ihrem Umfeld befinden, sind offener als Sie vielleicht denken.

Diese Menschen schlagen sich sehr wahrscheinlich genau mit der gleichen Angst herum, wie Sie selbst und sind sehr froh darüber, wenn Sie die Initiative ergreifen und Ihre Gedanken zum Ausdruck bringen. Es gibt keine dummen Fragen, nur dumme Antworten.

Wer weiterkommen und sein Selbstbewusstsein stärken möchte, sollte den Mund aufmachen und die Gedanken in Worte fassen. Für Ihre Gedanken, Ideen, Visionen und Ihre Meinung werden Sie nicht gleich in den Kerker gesperrt. Vielmehr demonstrieren sie damit die Persönlichkeit, die in Ihnen steckt.

Worte haben eine gewaltige Kraft und setzen unbeschreibliche Energien frei. Ein tolles Beispiel dafür ist die berühmte Rede von Martin Luther King „I have a dream" die der schwarze Bürgerrechtler am 28. August 1963 anlässlich des Marsches auf Washington vor 250.000 Menschen am Lincoln Memorial gehalten hat.

Es ging dabei um Freiheit und Arbeit für schwarze Minderheiten. Die mächtigen Worte standen nicht in seinem Manuskript, sondern waren seine Vision von der Zukunft, die er den Menschen mitgeteilt hat.

7. Nehmen Sie sich nicht so ernst und bereichern Sie die Welt

Selbstbewusste Persönlichkeiten nehmen sich selbst nicht so ernst und können sehr gut über sich selbst lachen. Denn sie haben das Selbstbewusstsein und die mentale Stärke, zu ihren Schwächen und Fehlern zu stehen und wissen genau um ihre Stärken. Sie vertrauen auf sich selbst und kennen ihren Selbstwert.

Aus dieser einzigartigen Kombination heraus, nehmen sie Dinge, die Sie nicht verändern können, als gegeben hin. Dinge, die sie verändern können, versuchen sie so zu verändern und zu beeinflussen, dass sich ein positives Bild ergibt. Sie können über sich selbst lachen und Fehler eingestehen. Fehler eingestehen ist keine Schwäche, sondern beweist innere Stärke. Genauso spannend gestaltet es sich, wenn sie Ihrem Leben eine Bedeutung geben.

Damit erreichen Sie ein besseres Gefühl. Sie erleben, wie es sich anfühlt, für andere Menschen wichtig zu sein, weil Sie sich nicht mehr nur mit sich selbst, Ihren Wünschen, Bedürfnissen, Mängel und Fehlern beschäftigen. Anderen Menschen wird damit ein Platz in Ihrem Leben eingeräumt.

Finden Sie heraus, wie Sie Ihre Umwelt und die Menschen bereichern können. Sie erhalten im Gegenzug die Wertschätzung, die Sie sich immer gewünscht haben.

Gleichzeitig gelingt Ihnen damit, Selbstbefangenheit abzulegen und Selbstvertrauen gegenüber sich selbst und dem Umfeld aufzubauen. Sie spüren, dass Sie für eine andere Person wichtig sind. Dieses tolle Gefühl macht den Unterschied und stärkt Ihr Selbstbewusstsein. Je mehr Sie den Menschen und Ihrer Umwelt geben, desto größer gestalten sich die Dinge, die Sie am Ende zurückbekommen.

8. Mit Disziplin mehr Selbstbewusstsein erlangen

Disziplin ist die Triebfeder für Erfolg und der Schlüssel zum Glück. Schauen Sie sich beispielsweise die Geschichte der Beatles an. Diese Band hat viele Stunden im Proberaum verbracht und lange Jahre jeden Abend vor Publikum gespielt, bevor sie den Durchbruch schafften und berühmt wurden. Der vielleicht beste Basketballer Michael Jordan hat in einem Interview einmal einen interessanten Satz gesagt:

„Das Einzige, was mich von anderen Basketballern unterscheidet, ist, dass ich 1000-mal mehr Würfe durchgeführt habe als alle anderen…"

Damit wird klar, dass Talent alleine nur ein Baustein von vielen ist. Jeder Mensch hat Talente, die ihn mit Disziplin und Willenskraft am Ende zum Erfolg führt.

Disziplin ist keine angeborene Fähigkeit, sondern erlernbar. Jeder Mensch besitzt eine gewisse Selbstdisziplin. Diese stellt sich dar, wenn Sie sich ein bestimmtes Ziel gesetzt haben und dieses kontinuierlich verfolgen. Damit haben Sie die Grundvoraussetzung dafür, um erfolgreich zu sein.

KENNEN SIE SICH WIRKLICH?

Menschen, die in jeden Kopf hineinschauen und keine Chancen verstreichen lassen, sollten dabei eigentlich eine Menge über sich selbst erfahren. Doch wie schon geschrieben, sind die beiden Psychologen Arkin und Guerrettaz da ganz anderer Meinung. Diese begründet sich auf einem Experiment, das die beiden durchgeführt haben.

Die Probanden mussten sich dabei im ersten Schritt selbst beurteilen. Dafür haben sie zunächst zehn wesentliche Persönlichkeitsmerkmale benannt und nach ihrer Gewichtung aufgeschrieben. Im Anschluss daran wurden die Teilnehmer dazu aufgefordert, die Top-5-Eigenschaften mit Beispielen aus ihrem Lebenslauf genauer zu beschreiben.

Ein böses Unterfangen: Diejenigen, die zuvor von ihren Fähigkeiten und Talenten überzeugt waren, hatten Schwierigkeiten und kamen ins Stottern. Besonders aufgefallen ist zudem, dass genau diejenigen, die zuvor am lautesten über die eigenen Fähigkeiten geschwärmt haben, ein desolates Selbstbewusstsein präsentierten.

Dieses Ergebnis wird durch Studien der Psychologen Zlatan Kiran und Ethan Zell bestätigt.

Nach Auswertung von Untersuchungen mit mehr als 200.000 Teilnehmern steht das Ergebnis fest: Die Mehrheit der Teilnehmer hält sich für besser, als sie in Wirklichkeit sind und fallen damit in die Kategorie „Hochstapler". Die anderen halten sich für übertrieben schlecht und gehören in die Kategorie Tiefstapler. Deutlich wird aber in beiden Fällen, dass die Selbsteinschätzung komplett an der Wahrheit vorbeigeht.

SELBSTEINSCHÄTZUNG UND SELBSTWERT – WELCHE BEDEUTUNG HABEN BEIDE FÜR IHREN PERSÖNLICHEN ERFOLG?

Ihre Erfolge stehen in engem Zusammenhang mit Selbsteinschätzung und Selbstwertgefühl. Es kommt nicht nur große Freude auf, wenn Sie sich ein Ziel gesetzt und dieses erreicht haben. Zusätzlich werden Sie in Ihrem Glauben an die eigenen Fähigkeiten bestärkt und das ganz besonders, wenn sich immer und immer wieder Erfolge einstellen. Sie haben das Wissen darum, dass Sie es können. Und damit wächst das Selbstvertrauen.

Dieser schöne Effekt stellt sich sowohl im Job wie auch im Privatleben ein, da jede Erfolgsserie das Selbstwertgefühl steigert. Die Medaille hat aber auch eine zweite Seite, die sich weniger schön gestaltet.

Wenn einmal nicht alles positiv läuft und Sie beispielsweise immer nur Absagen auf Ihre Bewerbungen bekommen, macht sich schnell der Gedanke breit, dass Sie niemand haben möchte. Gedanklich haben Sie die nächste Absage schon in Händen. Das Selbstwertgefühl bekommt einen heftigen Seitenhieb. Eine Absage muss nicht an Ihrer Person oder Ihren Qualifikationen liegen. Vielleicht haben Sie nur die falsche Strategie verwendet, die Bewerbungsunterlagen an die falsche Zielgruppe geschickt, ohne sie vorher noch einmal auf das Stellengesuch anzupassen. Die augenscheinlichen Misserfolge sollten Sie zur Korrektur, sowie zur besseren Selbsteinschätzung nutzen und nicht darauf mit Geringschätzung reagieren. Eigentlich ist es doch so, dass Menschen Erfolg mit Ziele erreichen auf eine Stufe stellen.

Der Weg zur Zielerreichung ist aber mit wichtigen Erfahrungen, neuen Erkenntnissen und Lernerfolgen gepflastert, die bei der Selbsteinschätzung wertvolle Dienste leisten.

Erfolg tritt nicht immer mit der gleichen Intensität ein. Dementsprechend sollten Sie die Frage des Blickwinkels einmal überdenken. Denn auch wenn Sie eine genaue Definition von Erfolg haben und die Ziele perfekt abgestimmt sind, kann es durchaus sein, dass Sie Erfolge nicht erkennen und eine falsche Selbsteinschätzung vornehmen.

Um diesem auf den Grund zu gehen, können Sie Freunde um ein Feedback bitten, sich selbst reflektieren und Ursachenforschung betreiben. Halten Sie immer im Hinterkopf, dass Misserfolge einen Grund haben. Manchmal müssen Menschen fallen, weil in diesen Abgründen etwas ist, um ihnen die Augen zu öffnen. Der sich daraus ergebende neue Blickwinkel verhilft Ihnen zu Selbsterkenntnis und nimmt Sie an die Hand, um Ihre Selbsteinschätzung zu überdenken und zu stärken.

SELBSTBEWUSSTSEIN UND SELBSTWERT – VERMEIDEN SIE CHRONISCHE ÜBERFORDERUNG

Für die Stärkung des Selbstbewusstseins und des Selbstwertes suchen Menschen nach Anerkennung. Sie verwirklichen sich in der Arbeitswelt und geben dem Leben damit einen Sinn.

Schon Kinder, die in der Schule sind, versuchen sich gegenseitig zu übertreffen, um Selbstbestätigung zu schaffen. Solange das soziale Umfeld in alle Richtungen stimmt, ist das keine verkehrte Verhaltensweise, da dadurch das Selbstwertgefühl und das Selbstbewusstsein ausgebaut werden.

Auf der anderen Seite kann sich aber auch eine Schwächung des Selbstbewusstseins und Selbstwertes einstellen. Dabei ist die schulische Voraussetzung nicht ausschlaggebend.

Ein Handwerker mit Talent, der nur einen Hauptschulabschluss hat, kann ein deutlich höheres Selbstbewusstsein und einen besseren Selbstwert haben als ein Studierter Chemiker, der nur wenig Talent besitzt. Eine Überforderung, genauso wie eine Unterforderung entsteht, wenn die zu bewältigenden Anforderungen nicht stimmig sind. Taucht dieses Gefühl auf, sollte sich nach einer Tätigkeit umgeschaut werden, die besser zu Ihnen und Ihrem Anforderungsprofil passt. Ebenso entscheidend ist die eigene Wertorientierung. Einen höheren Selbstwert erreichen Sie beispielsweise damit, wenn Sie sich ehrenamtlich im sozialen Bereich engagieren. Dafür gibt es eine Vielzahl von Projekten, wo Sie sich einbringen können. Die eigene Wertorientierung wird dabei weiter ausgebaut, wenn Sie hinter Ihren Werten und den Werten der Gemeinschaft stehen.

Es gibt eine ganze Reihe Quellen, die gutes Futter für Ihr Selbstwertgefühl sind. Ihre Fantasien und Träume sind extrem wichtige Bestandteile des Selbstbewusstseins, die Ihnen ein positives Selbstbild geben, das sich deutlich vom Fremdbild unterscheidet.

Träume sind die Darstellung von Lebensentwürfen, die ausgelebt werden möchten. Negative Dinge in Ihrem Leben lassen sich einfacher ändern, wenn Sie Ihre Gedanken auf eine bessere Zukunft lenken. Es entsteht eine große Portion guter Gefühle, von denen sich das Selbstbewusstsein ernährt. Damit schaffen Sie eine deutlich höhere Belastungsgrenze. Sie kennen Ihre Stärken und Schwächen und akzeptieren auch Letztere als Bestandteil Ihrer Persönlichkeit.

Damit haben Sie erreicht, dass Sie weniger abhängig davon sind, wie andere Menschen Sie bewerten. Das Selbstbewusstsein ist der Prellbock und muss sehr viel aushalten. Ein großer Feind ist Kritik, gerade wenn es dafür keine Rechtfertigung gibt. Sie fühlen sich unverstanden. Schlimmstenfalls ergibt sich daraus eine Identitätskrise. Sie entsteht beispielsweise, wenn durch eine schwere Krankheit die körperliche Bewegungsfreiheit eingeschränkt wird, die Kinder von Zuhause ausziehen oder ein geliebter Mensch stirbt. Solche Ereignisse haben dramatische Auswirkungen, wenn die Persönlichkeit dabei in Mitleidenschaft gezogen wird.

In einer solchen Sinnkrise kommt es zu der Fragestellung: „Welchen Stellenwert habe ich jetzt noch?" Es ergibt sich ein Verlust des Selbstwertes und des Selbstvertrauens. Einige Menschen haben das Wissen darum, dass das Leben weiter geht.

Sie rappeln sich wieder auf, suchen sich neue Herausforderungen und überdenken den Sinn ihres Lebens. Andere wiederum ziehen sich zurück in Ihr Schneckenhaus und verlieren sich in Resignation.

Ob Sie zu der einen oder anderen Kategorie Mensch gehören, ist entscheidend von Ihrem Selbstbewusstsein abhängig. Haben Sie es aber geschafft, eine solche Krise zu überwinden, schaffen Sie es, sich anschließend bedeutend stärker aufzustellen.

Darum ist es immer sinnvoll, am eigenen Selbstbewusstsein zu arbeiten und einen stabilen Selbstwert zu entwickeln.

SELBSTVERWIRKLICHUNG – ENTFALTEN SIE MIT SELBSTBEWUSSTSEIN UND SELBSTWERT IHRE PERSÖNLICHKEIT

Die Entfaltung des Selbstbewusstseins und das Erkennen des Selbstwertes sind wichtige Pfeiler für die Selbstverwirklichung und bilden die Brücke zu Ihrer Persönlichkeit.

Indem Sie an Ihrem Selbstbewusstsein und Selbstwert arbeiten, öffnen sich viele weitere Türen. Denn damit haben sie den Anstoß dafür gegeben, etwas verändern und sich selbst verwirklichen zu wollen. In engem Kontext dazu steht aber auch die Selbsterkenntnis, die oftmals der Weiterentwicklung und damit der Selbstverwirklichung im Wege steht. Wie bereits erwähnt, wurden Sie Ihr Leben lang von gesellschaftlichen Normen und Erwartungen begleitet, denen Sie sich bisher immer gebeugt haben.

Sie wurden in Verboten und Einschränkungen zum Ausdruck gebracht. Eine Veränderung der Persönlichkeit und damit die Stärkung des Selbstbewusstseins und Selbstwertes stoßen in Ihrer Umwelt immer wieder auf Ablehnung. Denn Sie entschlüpfen der Ihnen zugedachten Rolle und machen endlich die Dinge, die Sie glücklich machen.

Anderen Menschen stößt dieses bitter auf, weil diesen der Mut, die Kraft, das Selbstvertrauen, der Selbstwert und das Selbstbewusstsein fehlen. Sie scheuen sich vor den Enttäuschungen und dem Scheitern.

Doch Ihre Träume, Ziele, Ideen und Visionen gehören zur Charakterbildung und damit zur Persönlichkeitsentwicklung.

Menschen, die sich in Ihrer Entwicklung beschneiden lassen, fehlt es an Talenten. Sie können nicht planen und nicht organisieren, sondern leben nach einem vorgefertigten Schema.

Die wichtigen Eigenschaften wie Selbstbewusstsein und Selbstwert sowie Selbstvertrauen stellen sich recht verkümmert dar, weil Sie Ihre Selbstverwirklichung ganz nach hinten stellen. Wenn Sie einmal genauer in sich hineinschauen, werden Sie schnell feststellen, in wie vielen Bereichen Sie fremdbestimmt handeln. Die Einschränkungen beschneiden Ihre Träume, Ideen und Ziele und beschränken Sie in Ihrer Persönlichkeitsentwicklung. Ob Sie mit diesen Einschränkungen zufrieden sind, interessiert niemanden. Sobald Sie aber aus diesem Schema ausbrechen, erhalten Sie ungeteilte Aufmerksamkeit. Sie stellt sich nicht nur positiv, sondern auch negativ dar. „Was ist plötzlich mit Dir los? Was ist in Dich gefahren, dass Du Dich so verändert hast?“

Seien Sie sich immer bewusst darüber, dass nur Sie selbst derjenige sind, der in Sie hineinschauen kann und sieht, wie es in Ihrem Inneren aussieht. Und nur Sie sind derjenige, der sich dazu entscheidet, etwas zu verändern.

Wenn Sie anfangen, mehr Selbstbewusstsein zu entwickeln und Ihren Selbstwert zu steigern, erhalten Sie neue Perspektiven und schätzen viele Dinge anders ein. Daraus ergibt sich, dass Sie Dinge erkennen, die Ihnen guttun. Gleichzeitig fallen Ihnen aber auch Dinge auf, die Ihrer Selbstverwirklichung im Wege stehen. Mit diesen Erkenntnissen sind Sie in der Lage ein glückliches, zufriedenes Leben zu führen.

Sie wissen, was Sie erreichen wollen und arbeiten stetig an Ihrem Selbstwert und Selbstbewusstsein. Ihre innere Stimme unterstützt Sie und sagt Ihnen: „Deine Entscheidung ist richtig. Pack es an! Denn es bringt Dich Deiner eigenen Persönlichkeit wieder ein Stück näher!“ Negative Aspekte wie, „Was denken die anderen über mich?“ und „Das geht nicht gut?“, gibt es in Ihrem inneren Wortschatz nicht mehr. Es wird der Intuition und der Stimme des Herzens gefolgt. Kritikern gegenüber sind diese beiden immun. Dadurch wird verhindert, dass Sie Ihren Weg verlassen. Ein gestärktes Selbstbewusstsein führt dazu, dass Sie ein selbstbestimmtes Leben führen, indem Sie sich verwirklichen.

Sie kennen Ihren Selbstwert und orientieren sich an Ihren Bedürfnissen, Wünschen und Träumen und stimmen Ihre Handlungen genau darauf ab. Menschen mit wenig Selbstbewusstsein und fehlendem Selbstvertrauen haben andere Maßstäbe, weil sie von Ablehnung und Angst dominiert werden. Dadurch sind sie nicht in der Lage, ihre Komfortzone zu verlassen. Ihre Handlungen und ihre Persönlichkeitsentwicklung werden maßgeblich beeinflusst.

Die Angst vor Blamage ist viel zu groß, da das Vorhaben als kindisch und egoistisch gelten könnte. Die vielen Argumente, die Ihnen in Bezug auf Ihre Persönlichkeitsentwicklung und der Selbstverwirklichung begegnen, sollten im Keim erstickt werden. Viele Dinge erledigen sich von ganz alleine, wenn Sie endlich für sich selbst und Ihre Wünsche einstehen. Diese verlieren ganz schnell an Gewicht, weil Sie sich dazu entschieden haben, mehr Selbstbewusstsein und damit einen höheren Selbstwert aufzubauen.

Sie lösen sich von alten Konventionen und übernehmen selbst die Planung Ihres Lebens. Die neuen Einblicke sorgen dafür, dass Sie Ihr Leben auf den Prüfstand stellen. Dabei fällt Ihnen auf, dass Sie eine Veränderung wollen, auch wenn diese, anderen vielleicht nicht gefällt.

Mit einem gestärkten Selbstbewusstsein und dem Wissen um Ihren Selbstwert sind Sie bestens für Ihre eigene Lebensplanung gerüstet. Sie starten mit Ihrer eigenen Selbstverwirklichung und nicht mit der, die andere für Sie geplant haben. Ihr Selbstvertrauen wächst und Sie besitzen das Wissen darum, dass nur Sie selbst etwas verändern können.

Durch die neue Organisation Ihrer Persönlichkeit beginnen Sie Ihren Traum zu Leben und glücklicher zu werden. Auch wenn Persönlichkeitsentwicklung in der Kindheit beginnt, ist kein Ende absehbar. In jungen Jahren wird der Grundstein gelegt. Auf diesem lassen sich aber sehr gut die unterschiedlichen Fähigkeiten weiter ausbauen.

Menschen beginnen oftmals erst im späteren Alter das Selbstbewusstsein und den Selbstwert zu überdenken, weil zu diesem Zeitpunkt eine gewisse Reife vorhanden ist, um Situationen, Geschehnisse und Einflüsse auf die eigene Person zu hinterfragen.

Was über viele Jahre als gut und richtig empfunden wurde, ist plötzlich mit Zweifeln und sogar Ablehnung behaftet, weil darin keine Erfüllung mehr gesehen wird. Mitunter sind es aber auch die Mitmenschen im eigenen Umfeld, die den Anstoß dazu geben, über sich selbst nachzudenken und Verhaltensweisen zu erforschen.

Im ersten Moment mögen Sie sich vielleicht vor den Kopf gestoßen fühlen. Doch ein enger Vertrauter darf Ihnen ruhig den Spiegel vorhalten und Ihnen zeigen, an was es eventuell mangelt. Diese Menschen haben vielleicht schon das erreicht, was Sie gerne erreichen möchten und können für Sie der perfekte Mentor sein, um den richtigen Weg für mehr Selbstbewusstsein, Selbstvertrauen und ein besseres Selbstwertgefühl zu finden. Der Mentor begleitet Sie durch die verschiedenen Entwicklungsstufen der Persönlichkeit und hilft Ihnen dabei mehr Selbstsicherheit und mentale Stärke zu erlangen. Selbstbewusstsein erlangen und das Selbstwertgefühl steigern funktioniert nur, wenn Sie aktiv werden. Suchen Sie nach Ihrer Motivation, warum Sie etwas verändern wollen und aktivieren Sie ein diszipliniertes Verhalten, um am Ball zu bleiben. Beides gibt Ihnen die nötige Bodenhaftung, damit Sie über sich hinauswachsen können.

Die Entwicklungsstufe, auf der sich Ihre Persönlichkeit befindet, ist völlig belanglos. Wichtig ist, dass Sie etwas verändern wollen und erkennen, wo Sie ansetzen müssen. Das Steigern des Selbstbewusstseins und Selbstwertes ist dabei ein sehr guter Anfang.

In jedem Menschen ist Selbstbewusstsein und Selbstwert vorhanden. Allerdings gestaltet sich die Ausprägung unterschiedlich. Für ein erfülltes, glückliches Leben ist es nie zu spät. Ergreifen Sie Ihre Chance!

SELBSTERKENNTNIS: STÄRKEN SIE IHRE STÄRKEN!

Gerade im beruflichen Umfeld sind Stärken und Schwächen immer ein großes Thema. Dabei sind es nicht nur die sogenannten Hard Skills wie Berufsausbildung, Studium, Projektmanagement, Fremdsprachen, Qualifikationen, Weiterbildungen und EDV-Kenntnisse, die thematisiert werden.

Sie sind anhand von Belegen messbar. Dazu kommen aber noch die Soft Skills, die sich in keinster Weise mit einer Richterskala messen lassen. Gemeint sind damit unter anderem Toleranz, Offenheit, Teamfähigkeit, Neugier, Durchsetzungsvermögen, Gewissenhaftigkeit, Kommunikationsstärke, Empathie, Flexibilität, Sorgfalt und Eigeninitiativen. Um eine bessere Selbsteinschätzung zu erlangen, können Sie mithilfe eines Rasters Ihre Qualifikationen und Soft Skills, das Selbstbild und die Fremdeinschätzung miteinander vergleichen. Bei einer anschließenden Reflexion sehen Sie Ihre Stärken und Schwächen.

Wer Schwächen positiv verändern möchte, wählt nicht gerade einen einfachen Weg. Versuchen Sie doch besser Ihre Stärken zu stärken!

ERFOLGE ERKENNEN UND DIE SELBSTWAHRNEHMUNG VERBESSERN!

Durch einen stressigen Job, unendlich viele Meetings und dutzende Aufgaben, die neben der Arbeit noch zu erledigen sind, bleibt kaum Zeit zum Reflektieren.

Selbst am Wochenende und an Feiertagen ist der Kalender voll mit privaten Terminen. Eine zielgerichtete Selbsteinschätzung und Wahrnehmung bleiben dabei völlig auf der Strecke. Wenn Ihnen Ihr Selbstwertgefühl und eine richtige Selbstwahrnehmung wichtig sind, sollten Sie sich ein paar Minuten Zeit nehmen, um Ihre Stärken und Schwächen genauer zu betrachten.

Nachfolgend aufgeführte Hilfestellungen verfolgen zwei Ziele. Zum einen sollen Sie Ihnen erleichtern, Ihre Erfolge wahrzunehmen und zum anderen dabei helfen, Zeit für die Selbstreflexion in Ihrem Terminkalender zu schaffen.

FÜHREN SIE EIN ERFOLGSTAGEBUCH!

Zu den Klassikern der Reflexionsmethoden gehört das sogenannte Erfolgstagebuch. Es ist eigentlich nichts anderes als eine Positivliste, in der Sie zu einem bestimmten Zeitpunkt am Tag fünf bis zehn Erfolge aufschreiben. Auch, wenn Ihnen das am Anfang schwerfällt. Mit der Zeit wird es zunehmend leichter. Sie sehen nicht nur die Erfolge, sondern werden sich Ihrer Stärken bewusst. Schreiben Sie für mindestens vier bis sechs Wochen Ihre Erfolge auf. Diese Zeitspanne ist wichtig, um im Alltag die erste Wirkung wahrzunehmen. Nach dieser Zeitspanne schadet es nicht, wenn Sie weiterhin das Tagebuch mit Ihren Erfolgen füllen.

IDENTIFIZIEREN SIE DEN ANTEIL IHRES ERFOLGS BEI TEAMPROJEKTEN!

Ein großes gemeinschaftliches Projekt wurde erfolgreich abgeschlossen. Jetzt haben Sie die Gelegenheit dazu, sich darüber klarzuwerden, wie viel Sie mit Ihrer Arbeit zu diesem erfolgreichen Projektabschluss dazu beigetragen haben. Auch wenn es in erster Linie ein Teamerfolg ist, steckt dahinter das Zusammenwirken von unterschiedlichen Fähigkeiten.

Und Ihre haben auch zum Erfolg beigetragen. Finden Sie für sich heraus, wie hoch der Anteil war, machen Sie sich diesen bewusst und feiern Sie Ihren eigenen Erfolg. Damit stärken Sie Ihre Selbstwahrnehmung.

MESSEN SIE IHRE FORTSCHRITTE

Wer eine mangelnde Selbsteinschätzung hat, dem fehlen mitunter Fortschrittsindikatoren und passende Maßstäbe, um den Fortschritt zu messen. Auch, wenn sich das jetzt kompliziert anhört. Es ist gar nicht schwierig. Sie suchen sich nur Messgrößen und Kennzahlen, um den Weg Ihres Fortschritts zu erkennen. Dazu gehören auch die kleinen Erfolge, die Sie damit erst erkennen.

BELOHNEN SIE SICH FÜR IHRE ERFOLGE

Erfolge wahrnehmen ist die eine Seite. Erfolge belohnen, die andere. Sie haben es sich verdient, auch für kleine Erfolge eine Belohnung zu bekommen. Die Teilerfolge sind sogenannte Meilensteine, die es auch wert sind, belohnt zu werden.

Damit erleben Sie selbst die Kleinigkeiten bewusster. Machen Sie Dinge, die Sie gerne machen, gehen Sie zu Ihrem Lieblingsitaliener essen, gönnen Sie sich eine Massage, einen Saunabesuch oder das Buch von Ihrem Lieblingsschriftsteller, dass Sie schon lange lesen wollten.

ÜBERPRÜFEN SIE IHREN EIGENEN ANSPRUCH

Wenn Sie keine Erfolge finden oder erkennen können, wird es Zeit, dass Sie Ihre Ansprüche an sich selbst einmal genau unter die Lupe nehmen. Wie sieht es mit Ihrem eigenen Maßstab aus, an dem Sie Ihre Erfolge messen? Legen Sie bei anderen Menschen die Messlatte genauso hoch? Warum nutzen Sie diesen Maßstab nicht für andere Menschen?

Sind Ihre Ansprüche realistisch? Unterziehen Sie Ihre Ziele einer sogenannten Machbarkeitsprüfung. Schnell werden Sie selbst auch Ihre Erfolge wahrnehmen.

FORMULIEREN SIE IHRE ZIELE MIT DER S M A R T - METHODE

Ziele lassen sich sehr gut mit der SMART-Methode formulieren, wenn Sie zuvor eine realistische Einschätzung der Machbarkeit unterzogen und sinnvolle Fristen gesetzt haben.

Diese Methode wurde 1956 entwickelt.
SMART ist ein Akronym und steht für:

S = spezifisch (Ziele so klar und spezifisch formulieren, wie eben möglich)

M = messbar (bestimmen Sie qualitative und quantitative Messgrößen)

A = attraktiv (Planen Sie so, dass Sie Spaß daran haben, das Ziel zu verfolgen)

R = realistisch (Dinge, die sie sich vornehmen, müssen in dieser Zeit machbar sein)

T = termingerecht (planen Sie Ziele und Aufgaben zeitlich bindend)

Menschenkenntnis erlangen und für die Umsetzung der eigenen Ziele nutzen

Menschenkenntnis ist auch ein interessantes Thema in der positiven Psychologie. Denn emotional intelligente Menschen sehen die Welt mit ganz anderen Augen. Sie haben die Fähigkeit, Gefühle anderer wahrzunehmen, zu beeinflussen und zu verstehen. Menschen mit emotionaler Intelligenz sind wahre Führungspersönlichkeiten, weil sie in der Lage sind, eigene Emotionen und die Gefühle von anderen zu steuern, um Ziele zu verwirklichen.

Vielfach glauben wir, dass ein Blick genügt, um einen anderen Menschen einschätzen zu können. Um aber zu erkennen, wie der Gegenüber wirklich tickt, ist ein genauerer Blick notwendig. Denn der erste Eindruck kann durchaus täuschen. Der erste Blick ist nur eine spontane Bewertung, die aus dem jetzigen Moment vorgenommen wird. Dieser zeigt nur einen kleinen Ausschnitt. Hinter die Fassade schauen Sie erst, wenn Sie eine gute Menschenkenntnis besitzen.

Große Verlockung und lauernde Gefahren

Die große Verlockung besteht darin, einer anderen Person in die Augen zu schauen und sofort sagen zu können, wie dieser Mensch tickt. Es ist verführerisch, mit nur einem Blick zu erkennen, ob der andere glücklich, traurig, ängstlich ist und was seine Persönlichkeit ausmacht. Leider ist das so einfach nicht möglich.

Gesichter lesen ist eine Lehre, die schon die Menschen in der Antike fasziniert hat. Zu den ältesten Aufzeichnungen gehören Schriften von Aristoteles, der sich mit diesem Thema beschäftigt hat. Tatsächlich führt die Annahme dazu, dass schnell vom Äußeren einer Person in einem Bruchteil von Sekunden auf seelische Eigenschaften geschlossen wird. Der Schnellschuss führt zu einer Fehleinschätzung und schürt sehr schnell Vorurteile. Darum ist echte Menschenkenntnis und nicht nur Halbwissen gefragt!

Früher galt die sogenannte Physiognomik als Kunst und Geheimwissen. Dieses wurde hauptsächlich von Priestern für okkulte Zwecke eingesetzt. In späteren Zeitaltern, wo Aufklärung im Vordergrund stand, erlangte dieses Teilgebiet der Ausdruckspsychologie einen höheren Stellenwert und wurde immer mehr als wissenschaftliche Lehre anerkannt. Leider führten die neuen Erkenntnisse der Physiognomik, die durch die Wissenschaft ans Tageslicht kamen, zu schlimmen Folgen.

Ihr Einsatz erfolgte nicht, um sich besser in andere Menschen hineinzuversetzen, einen sensibleren Umgang zu pflegen oder Unterschieden mit Wertschätzung zu begegnen. Vielmehr kam sie im 19. Und 20. Jahrhundert dafür zum Einsatz, um Rassismus und Eugenik auf wissenschaftlicher Ebene zu untermauern.

Erster Anhaltspunkt für Menschenkenntnis

An der Kopfform, der Breite des Mundes oder der Höhe der Stirn sollen sich angeblich Eigenschaften wie Willenskraft und Intelligenz ablesen lassen. Diese Annahme löst in der Sozialpsychologie immer noch große Diskussionen aus, weil Fachleute davon ausgehen, dass sich daraus kein besseres Verständnis für andere Menschen herleiten lässt. Zahlreiche Studien kommen zudem auch zu unterschiedlichen Schlussfolgerungen.

Allerdings gibt es einen Punkt, indem sich die Experten einig sind: Das erste Urteil, dass Sie über eine andere Person fällen, ist nur oberflächlich. Es kann aber durchaus dafür verwendet werden, um die Persönlichkeit der anderen Person grob zu umreißen. Dieses erste Urteil, das Sie über eine andere Person fällen, kann ein Schutzmechanismus sein, der der Evolution entstammt.

Bevor Sie einen anderen Menschen näher an sich herankommen lassen, versuchen Sie sich abzusichern. Sie schauen ihn genauer an und entscheiden intuitiv anhand des ersten Eindrucks, ob die Person es gut mit Ihnen meint oder als Feind zu sehen ist. Diese erste Einschätzung ist zwar sinnvoll, aber nur ein erster Anhaltspunkt, der auf Ihrem eigenen Gefühl und der eigenen Einschätzung beruht.

Emotionen im Gesicht des anderen ablesen

Um andere Menschen besser einschätzen zu können, hat der US-Psychologe Paul Ekman eine Methode entwickelt, die den Namen Facial Action Coding System (FACS) trägt. Sie stammt aus dem Jahr 1978. Anhand der Muskelbewegungen im Gesicht können Sie sieben Basisemotionen erkennen. Sie sind laut des Psychologen bei jedem Menschen vorhanden. Dazu zählen Angst, Ärger, Überraschung, Ekel, Trauer, Freude und Verachtung.

Auf der FACS-Methode beruhen heute viele Computerprogramme für die Emotionserkennung. Allerdings ist die Methode eher umstritten, da dabei nicht berücksichtigt wird, dass sich die Mimik durchaus kontrollieren lässt.

Darum gehen Kritiker davon aus, dass es keine Möglichkeit gibt, damit eine richtige Einschätzung vorzunehmen.

Den eigenen Einfluss berücksichtigen

Wenn Sie eine andere Person richtig einschätzen möchten, müssen Sie das Bewusstsein haben, dass das nicht auf den ersten Blick funktioniert, weil Sie nicht dazu fähig sind, die andere Person neutral zu betrachten. Ihre Bewertung erfolgt auf der Grundlage dessen, was Sie sehen und von Ihnen selbst beziehungsweise Ihrer Stimmung, Ihren Erfahrungen und kulturellen Hintergründen.

Menschen packen andere Person vorschnell in eine bestimmte Schublade, obwohl ihnen noch zahlreiche Informationen fehlen, die diese Einsortierung rechtfertigt. Rufen Sie sich immer ins Gedächtnis, dass das Äußere keinen Blick auf innere Werte freigibt.

Um diese zu erkennen, müssen Sie genauer schauen und Fragen stellen. Wie geht die Person mit anderen Menschen um? Was sind seine Ideale? Was ist für ihn wichtig?

Mit Sorgfalt vorgehen

Gerade, wenn es um Dinge geht, die Ihnen wichtig erscheinen, sollten Sie Sorgfalt walten lassen und nicht vorschnell eine Einschätzung vornehmen oder ein Urteil fällen. Selbst wenn Sie glauben, eine gute Menschenkenntnis zu haben, können Sie mit Ihrer Einschätzung komplett danebenliegen. Auf den ersten, spontanen Eindruck haben Sie keinen Einfluss. Sie können aber den ersten Eindruck dazu nutzen, um noch einmal genauer hinzuschauen und Ihre erste Meinung eventuell revidieren. Damit handeln Sie fair. Es kann sogar ein großer Gewinn für Sie sein. Auf den zweiten Blick können sich Menschen, die Sie vorschnell verurteilt haben als wundervolle, wertvolle Menschen entpuppen.

5 Tipps, um das Urteilsvermögen zu verbessern

1. Bleiben Sie offen und wachsam und halten Sie immer im Gedächtnis, dass Sie andere niemals objektiv betrachten. Ihre Betrachtungsweise beruht auf der Grundlage Ihrer eigenen Erfahrungen.

2. Äußerlichkeiten sind kein Indiz für die Persönlichkeit eines Menschen. Attraktiv bedeutet nicht, dass diese Person auch schlau ist, dick bedeutet nicht, dass die Person lustig ist. Das sind nur Klischees, in die Menschen anderen Personen gerne schnell einsortieren.

3. Hinterfragen Sie Ihre eigenen Vorurteile. Denn ganz unbewusst beurteilen Sie Menschen oder Altersgruppen, ohne darüber reflektiert zu haben, weil Ihre Denkweise von Vorurteilen geprägt ist.

4. Trainieren Sie Empathie. Bevor Sie eine negative Bewertung über eine andere Person abgeben, sollten Sie versuchen, sich in diese hineinzuversetzen. Warum reagiert dieser Mensch so? Was steckt dahinter? Worauf begründet sich seine Handlung?

5. Hören Sie auch auf die Zwischentöne im Gespräch. Sie verraten eine ganze Menge über die andere Person. Darum sollten Sie genau hinhören und erkennen, wie der andere Mensch etwas sagt. Damit erfahren Sie eine ganze Menge über den Charakter.

7 Methoden, um Angst zu bekämpfen

Damit Ihnen das Bekämpfen der Ängste gelingt, setzen die 7 Methoden dort an, wo Angst entsteht, nämlich in Ihrem Kopf.

1. Machen Sie den Reality-Check, um gegen Ihre Angst vorzugehen!

Bei einer genaueren Betrachtung sind die meisten Ängste völlig übertrieben, wenn Sie diese bei einem Reality-Check einmal genauer betrachten. Dabei stellen Sie schnell fest, dass in der Realität gar nichts Schlimmes dadurch entsteht. Den Reality-Check können Sie ganz einfach durchführen, indem Sie sich die Frage stellen, ob die Situation tatsächlich gefährlich ist und was das Schlimmste ist, was Ihnen passieren kann. Anhand der folgenden Beispiele sehen Sie, dass Ihre Ängste oft unbegründet sind:

1. *Angst, einen Fehler zu machen:* Fehler machen ist menschlich. Außerdem kommt es immer auf die Sichtweise an. Wenn Sie einen Fehler gemacht haben, können Sie diesen auch jederzeit wieder korrigieren. Von Fehlern bekommt man außerdem, die wertvolle Möglichkeit aus ihnen zu lernen.

2. *Angst vor Veränderungen:* Veränderungen bedeuten

nicht gleich Gefahr, sondern sind Möglichkeiten, um über sich hinauszuwachsen. Durch Veränderungen entwickeln Sie sich weiter und vergrößern Ihren Horizont.

3. *Angst vor Neuem:* Sie können sich nur weiterentwickeln, wenn Sie neue Dinge ausprobieren. Auch wenn sich die Angst sehr real anfühlt, wissen Sie vorher nicht, was Sie erwartet. Wenn Sie die Gelegenheit beim Schopf packen, werden Sie im Nachhinein oft feststellen, dass Ihre Befürchtungen völlig falsch waren. Darum sollten Sie sich ruhig an neue Dinge herantrauen.

4. *Angst davor haben, Grenzen aufzuzeigen:* Zeigen Sie Ihrem Gegenüber ruhig Grenzen auf, die er nicht überschreiten darf und haben Sie keine Angst davor. Die andere Person wird Sie weder angreifen, noch verletzen und sehr schnell erkennen, dass sie sich ungebührlich verhalten hat.

5. *Angst davor, die wahre Persönlichkeit zu zeigen*: Es wird garantiert nichts Schlimmes geschehen, wenn Sie Ihre wahre Persönlichkeit, Ihr wahres Ich zeigen. Jeder Mensch ist individuell und braucht sich dafür nicht zu verstecken. Menschen, denen Ihr wahres Ich nicht passt, gehören nicht in Ihr Umfeld.

6. *Angst, andere Menschen anzusprechen:* Das Einzige,

was Ihnen passieren kann, ist Ablehnung. Abgelehnt zu werden ist zwar kein tolles Gefühl, zeigt Ihnen aber direkt, dass diese Menschen wenig Respekt haben. Solche Personen brauchen Sie nicht. Machen Sie sich deutlich, dass es zwar ein unangenehmes Gefühl ist, Ihnen aber keinen weiteren Schaden zufügt.

7. *Angst vor Misserfolgen:* Scheitern und Misserfolge sind nichts, was Ihnen einen körperlichen Schaden zufügt. Sehen Sie Niederlagen als Herausforderung, um daran zu wachsen und besser zu werden. Sie eröffnen Ihnen neue Perspektiven. Also stehen Sie wieder auf und starten Sie von neuem.

8. *Angst davor, alleine zu sein:* Auch wenn es sich fürchterlich anfühlt, brauchen Sie keine Angst vor dem Alleinsein zu haben. Machen Sie sich bewusst, dass Alleinsein ein Genuss ist, weil Sie endlich Zeit für sich selbst haben, um sich eigene Wünsche zu erfüllen und das Leben neu zu sortieren.

9. *Angst, was andere über Sie denken:* Diese Angst ist nicht nur unberechtigt, sondern völlig sinnlos. Es sollte Ihnen egal sein. Zudem haben die meisten Menschen genug mit sich selbst zu tun und beschäftigen sich garantiert nicht gedanklich mit Ihnen.

10. *Angst vor öffentlichen Auftritten, Präsentationen, Vor-*

stellungsgesprächen: Das Schlimmste, was Ihnen passieren kann sind Buh-Rufe, Kopfschütteln oder vielleicht mit faulen Eiern beworfen zu werden. Versuchen Sie überzeugend zu sein und erzeugen Sie positive Bilder in Ihrem Kopf. Die Angst begründet sich nur auf fiktiven Ängsten, die sich beeinflussen lassen.

Das sind nur einige Dinge, die sich unangenehm anfühlen. Diese Gefühle erzeugen Sie selbst in Ihrem Kopf, führen aber nicht dazu, dass Sie reale Schmerzen empfinden oder in Gefahr sind. Sobald Sie sich fragen, was Ihnen schlimmstenfalls passieren kann, werden Sie feststellen, dass die Bilder in Ihrem Kopf kein bisschen der Realität entsprechen.

Haben Sie das erkannt, verlieren die Ängste ihre kraftvolle Wirkung.

2. Verändern Sie die Bilder in Ihrem Kopf!

Neben dem Reality-Check können Sie die Bilder im Kopf positiv verändern. Der Glaube, dass Sie keinen Einfluss auf Ihre Gedanken haben, ist falsch. Wenn Sie das wollen, können Sie Ihre Gedanken kontrollieren. Stellen Sie sich eine bunte Blumenwiese vor. Wetten, dass Sie diese jetzt gerade vor Ihrem inneren Auge sehen!

Alles, was Sie dafür benötigen, ist das bewusst machen, dass Sie selbst für Ihre Gedanken verantwortlich sind. Sobald sich Angst einstellt, sollten Sie die Bilder in Ihrem Kopf bewusst wahrnehmen und genau hinschauen, was diese zeigen.

Verbreiten sie Angstgefühle, versuchen Sie diese zu löschen. Das gelingt Ihnen, indem Sie das Bild klein oder undeutlich machen, zerreißen oder mit bunten Farben übermalen. Wenn Sie das immer wieder versuchen, wird es Ihnen leichtfallen.

Versuchen Sie die negativen Bilder durch positive zu ersetzen. Sie schaffen das, indem Sie sich das scheinbar negative Bild in den schönsten Farben ausmalen. Durch Ihre Vorstellungskraft erzeugen Sie in Ihren Gedanken eine positive Wahrnehmung und ersetzen damit die negativen Gedanken. Die mentalen Bilder sind die beste Geheimwaffe gegen Ängste.

3. Lernen Sie, Ihre Gedanken zu beherrschen!

Umso bewusster Sie sich Ihrer Gedanken sind, desto einfacher gelingt Ihnen das Beeinflussen. Eine sehr gute Methode für mehr Bewusstsein der eigenen Gedanken ist die Meditation. Denn damit schaffen Sie es, aus dem Karussell Ihrer Gedankenwelt auszusteigen und negative Emotionen einfach loszulassen.

Sie sorgt für Ruhe und mehr Aufmerksamkeit. Dafür brauchen Sie nicht stundenlang zu meditieren. Es reichen schon ein paar Minuten am Tag. Neben der geistigen Ruhe und Entspannung sorgt Meditation auch für ein positives Körpergefühl, das auch auf Angstgefühle eine große Wirkung hat.

Info:
Wer locker und entspannt ist, kann nicht gleichzeitig Angst empfinden!

4. Erfolge gegen die Angst als Geheimwaffe einsetzen!

Erfolgserlebnisse sind eine gute Möglichkeit, um Ängste zu bekämpfen. Jedes Mal, wenn Sie Angst überwunden haben, werden Sie beim nächsten Mal weniger negative Gefühle haben. Sie haben gespürt, dass nichts Schlimmes passieren kann, und entwickeln ein neues Selbstbewusstsein. Gehen Sie dabei Schritt für Schritt vor, bevor Sie sich den großen Ängsten stellen.

Damit Ihnen das Bekämpfen der Angst gelingt, können Sie sich frühere Erfolgserlebnisse ins Gedächtnis rufen. Erinnern Sie sich an Situationen, wo Sie sich Ihrer Angst gestellt und diese überwunden haben. Das müssen keine großen Dinge sein.

Selbst die kleinen haben einen immensen Effekt. Alleine die Gewissheit bereitet ein gutes Gefühl, da Sie die Angst vor einem bestimmten Ereignis selbst bekämpft haben.

Indem Sie sich immer wieder an solche Situationen erinnern, manifestieren Sie in Ihrem Unterbewusstsein: *„Ich schaffe das, egal was auch passiert!“* Damit erreichen Sie, dass es nichts mehr geben wird, wovor Sie Angst haben müssen.

5. Stellen Sie sich gemeinsam Ihren Ängsten!

Mitunter werden Ängste größer, wenn Sie sich diesen alleine stellen müssen. So empfinden Sie es als viel schlimmer, wenn Sie alleine vor Publikum reden müssen, oder wenn Sie alleine bei Dunkelheit nach Hause gehen als mit anderen Menschen zusammen.

Eine Gruppe gibt Ihnen ein sicheres Gefühl und Rückhalt. Damit fühlen Sie sich selbst bedeutend stärker. Suchen Sie sich Menschen in Ihrem Umfeld, die keine Angst von Situationen oder Dingen haben, die Ihnen selbst Angst bereiten. Genauso können Sie sich mit Menschen umgeben, die Ängste bereits überwunden haben. Sie zeigen Ihnen, dass Sie sich Ihren Ängsten stellen können, ohne dass etwas Schreckliches passiert.

6. Wirken Sie Ihren negativen Gedanken entgegen, indem Sie handeln!

Je mehr Sie über eine Situation, ein Ereignis oder eine Sache nachdenken, desto mehr bauscht sich die Angst auf. Das ist ganz logisch, da Sie sehr viel Energie darauf verwenden, sich negative Bilder in Ihrem Kopf auszumalen. Seien Sie schneller als Ihre Gedanken und begeben Sie sich auf die Überholspur, um gar nicht erst noch länger die schlimmsten Szenarien heraufzubeschwören.

Das soll nicht heißen, dass Sie sich überstürzt der Gefahr aussetzen. Beschränken Sie die Zeit der Gedanken auf ein Minimum und fragen Sie sich, ob die Sache oder Situation wirklich bedrohlich ist. Anschließend sollten Sie es tun!

- Sprechen Sie die überaus interessante Frau oder den tollen Mann neben Ihnen an der Bar ruhig ganz spontan an, ohne vorher 1000 Varianten im Kopf durchzugehen. Es gibt kein falsch oder richtig. Das Einzige, was passieren kann, Sie bekommen eine Absage!

- Gehen Sie in einer Karaoke-Bar auf die Bühne und schnappen Sie sich das Mikrofon, bevor sich negative Gedanken einstellen, wie das Publikum reagieren könne.

7. Lassen Sie den Schmerz der negativen Gefühle auf sich wirken!

Natürlich sind Ängste keine schönen Gefühle. Doch was gibt es für eine Alternative, um ihnen entgegenzuwirken. Die Angst hat Sie fest im Griff und verhindert, dass Sie über sich hinauswachsen und neue Wege beschreiten.

Versuchen Sie sich Ihrer Angst zu stellen und lassen Sie den Schmerz zu. Das gelingt Ihnen, indem Sie sich vor Ihrem inneren Auge Ihr Leben vorstellen, wenn Sie sich Ihrer Angst nicht stellen und sie bekämpfen. Versuchen Sie die entstehenden Empfindungen zu spüren. Überlegen Sie sich,

- was Sie alles durch Ihre Ängste verpassen,
- welche Erfahrungen Ihnen entgehen werden
- und welche Einschränkungen der Lebensqualität die Ängste mit sich bringen.

Das sind doch keine schönen Vorstellungen! Malen Sie sich jetzt aus, wie glücklich und erfüllt Ihr Leben ist, wenn Sie die Ängste überwunden haben. Erzeugen Sie Bilder, wie viel mehr Spaß Sie im Leben haben werden, wenn die Ängste nicht mehr da sind. Ohne Angst sind Sie endlich in der Lage, neue Ziele zu formulieren und diese zu verwirklichen.

In Ihnen steckt das Potenzial, um endlich in ein glückliches, zufriedenes Leben durchzustarten.

Sich selbst verstehen lernen und das Wissen für die Persönlichkeitsentwicklung nutzen

Es gibt diese berühmten, einfachen Aussagen, die nachdenklich machen und Unzufriedenheit heraufbeschwören. Eine solche Aussage ist:

„Bevor ich mich ändern kann, muss ich mich doch zuerst einmal selber kennen!"

Was bedeutet aber sich selbst zu kennen? Wenn Sie jetzt Ehrlichkeit walten lassen, wird Ihnen schnell klar, dass Ihnen Ihre Denk- und Handlungsweise selbst gelegentlich große Rätsel aufgibt. Den Anspruch, sich selbst wirklich zu kennen, können Sie getrost aufgeben. Aber im Laufe des Lebens erfahren Sie stückweise immer etwas über sich selbst und haben so die Möglichkeit, etwas zu ändern.

Es ist erstaunlich, dass Menschen dazu fähig sind, sich zu ändern, selbst wenn sie die Meinung vertreten, sich selbst kein Stück zu kennen und ihre Handlungsweisen nicht verstehen.

So wirr das jetzt auch klingen mag – Menschen können sich durchaus ändern, da sie über ihre Denk- und Handlungsweise nachdenken und dabei feststellen, dass sie ein gewisses Bewusstsein erlangen. Es tritt Klarheit ein, die das eigene Selbstverständnis vertieft. Die Selbsterkenntnis entsteht beispielsweise durch andere Menschen, die Rückmeldung auf die eigene Person, Verhaltensweisen oder Äußerungen geben.

Gemeint sind nicht Kritik, sondern die konkreten Beobachtungen, die andere Menschen im Umgang mit Ihnen machen. Allerdings ist die eigene Wirkung auf andere Menschen nur ein Punkt unter vielen weiteren. Wichtig ist zudem, ob Fremdbild und Selbstbild zusammenpassen und ob es Ihnen gelingt, eigene Ansichten richtig zu vermitteln.

Um Selbstverständnis zu entwickeln, müssen Sie sich folgende Fragen beantworten:

- Wer bin ich?
- Was für ein Mensch bin ich?
- Warum bin ich so und nicht anders?
- Was kann aus mir werden?

Eine der schwierigsten Fragen in inhaltlicher und methodischer Weise ist die nach dem „Warum“.

Damit spiegeln sich nämlich oftmals Kommunikationsmuster wider, mit denen Sie in Ihrem Leben konfrontiert wurden und immer noch werden. Es gibt spezielle Muster, die wenig dienlich für die Selbstfindung sind. Dazu gehören beispielsweise Fragen wie „Warum machst du das schon wieder?“ oder „Wie konntest du nur…?“ Die Fragen beschämen und bringen Sie in Bedrängnis.

Lassen Sie uns zurück zur Ausgangsfrage gehen. Wenn Sie etwas verändern möchten, können Sie auch ohne konkretes Ziel etwas verändern. Durch einen solchen Versuch kann sich etwas Besseres ergeben. Wirksamer werden die Bemühungen aber, wenn Sie die konkreten Zusammenhänge verstehen. Das gelingt Ihnen mit einer Verhaltensanalyse. Viele denken, dass diese sehr eingeschränkt ist.

Doch bei genauerer Betrachtung zeigt sich, dass die Fragen nach dem „Warum“ nicht nur oberflächlich sind, sondern in die Tiefe gehen. Dabei erlangen Sie für manches Verhalten eine verständliche Erklärung und gleichzeitig Informationen, wodurch dieses Verhalten verstärkt wird. Manchmal sind andere Menschen der Verstärker, die auf Ihr Verhalten reagieren. Darum machen einige Menschen großen Unsinn, nur um aufzufallen und Beifall zu erhalten.

Selbstverständnis bedeutet auch, dass Sie der Frage auf den Grund gehen, welche Mechanismen für Ihr Verhalten verantwortlich sind. Wenn sich zeigt, dass Verhaltensmuster nur deshalb verwendet werden, um aufzufallen, haben Sie eine greifbare Größe, um das Verhalten zu ändern.

Wenn Sie sich selbst als Mensch verstehen, der sich an anderen orientiert und Dinge macht, die nicht Ihren Vorstellungen entsprechen, müssen Sie Einsicht erlangen und sich dieser Orientierung annehmen. Stellen Sie sich die Fragen, ob das, was Sie machen, sinnvoll ist und ob Sie das wirklich wollen. Sich selbst verstehen bedeutet demnach nichts anderes, als sich mit den eigenen Neigungen und Ansichten auseinanderzusetzen und Klarheit zu schaffen. Mit dieser Klarheit bekommen Sie einen Blick für die Dinge und können entscheiden, ob Sie Ihr Lebensprogramm ändern oder beibehalten wollen. Wer sich dazu entscheidet, anders zu sein, kommt sich selbst ein ganzes Stück weit näher und lernt sich wieder ein wenig besser kennen.

Darum sollten Sie Dinge, die Sie nicht wollen aus Ihrem Leben eliminieren und nur die Dinge machen, die Sie wollen! Stellen Sie sich immer wieder die Frage, ob Sie das wirklich tun möchten und was Sie wahrhaftig lieben! Damit legen Sie den Grundstein, um ein besseres Verständnis für sich selbst zu entwickeln und die Persönlichkeit auszubauen.

Neben der Selbsterkenntnis und sich selbst besser zu kennen, brauchen Sie auch einen gewissen Grad an Menschenkenntnis, um ein besseres Verständnis und Einschätzungsvermögen für andere zu erlangen.

Gehen Sie nun Schritt für Schritt in ein neues Leben und einer neuen Einstellung zu sich selbst und Ihren Gefühlen und werden Sie zu der Version Ihrer selbst, die Sie ehrlich anstreben möchten, um mit mehr Selbstbewusstsein den Alltag zu meistern, für mehr Zufriedenheit und für ein glücklicheres Leben.

Viel Erfolg!

Angelika Hornig

Angelika Hornig

Weitere Bücher von Angelika Hornig sind jetzt exklusiv auf Amazon erhältlich. Dazu den Autorennamen über die Amazon Suchfunktion eingeben.

Emotionale Intelligenz | Selbstliebe | Positives denken

u. v. m.

Angelika Hornig

Weitere Bücher von Angelika Hornig sind jetzt exklusiv auf Amazon erhältlich. Dazu den Autorennamen über die Amazon Suchfunktion eingeben.

Gelassenheit | Selbstliebe | Minimalismus

u. v. m.

The End

Haftungsausschluss

Die Umsetzung aller enthaltenen Informationen, Anleitungen und Strategien dieses Werkes erfolgt auf eigenes Risiko. Für etwaige Schäden jeglicher Art kann der Autor aus keinem Rechtsgrund eine Haftung übernehmen. Für Schäden materieller oder ideeller Art, die durch die Nutzung oder Nichtnutzung der Informationen bzw. durch die Nutzung fehlerhafter und/oder unvollständiger Informationen verursacht wurden, sind Haftungsansprüche gegen den Autor grundsätzlich ausgeschlossen. Ausgeschlossen sind daher auch jegliche Rechts- und Schadensersatzansprüche. Dieses Werk wurde mit größter Sorgfalt nach bestem Wissen und Gewissen erarbeitet und niedergeschrieben. Für die Aktualität, Vollständigkeit und Qualität der Informationen übernimmt der Autor jedoch keinerlei Gewähr. Auch können Druckfehler und Falschinformationen nicht vollständig ausgeschlossen werden. Für fehlerhafte Angaben vom Autor kann keine juristische Verantwortung sowie Haftung in irgendeiner Form übernommen werden.

Urheberrecht

Impressum

1. Auflage

Angelika Hornig wird vertreten durch: MAK DIRECT LLC
2880W OAKLAND PARK BLVD, SUITE 225C OAKLAND PARK, FL 33311 FLORIDA

Printed in Germany
by Amazon Distribution
GmbH, Leipzig

26660289R00072